도시의 미래와 AI

인공지능총서

인공지능 시대입니다. 기계가 인간의 인지를 대신하고, 사물이 인간을 통하지 않고 다른 사물과 직접 커뮤니케이션합니다. 이에 따른 인간 삶과 문명 변화를 정확히 이해·예측·대응하는 것은 이 시대 우리 모두의 과제입니다. 인공지능총서는 인공지능 기술과 환경의 여러 주제를 10가지 키워드로 정리합니다. 관련 개념과 이론, 학계와 산업계의 쟁점, 우리 일상의 변화를 다룹니다. 인간과 기술의 현재, 미래를 세심히 분석합니다.

일러두기

- 인명, 작품명, 저서명, 개념어 등은 한글과 함께 괄호 안에 해당 국가의 원어를 병기했습니다.
- 외래어 표기는 현행 어문규정의 외래어표기법을 따랐습니다.

도시의 미래와 AI

이희정

대한민국, 서울, 커뮤니케이션북스, 2024

도시의 미래와 AI

지은이 이희정
펴낸이 박영률

초판 1쇄 펴낸날 2024년 11월 29일

커뮤니케이션북스(주)
출판 등록 2007년 8월 17일 제313-2007-000166호
02880 서울시 성북구 성북로 5-11
전화(02) 7474 001, 팩스(02) 736 5047
commbooks@commbooks.com
www.commbooks.com

ISBN 979-11-288-6877-1 03500

책값은 뒤표지에 표시되어 있습니다.

차례

미래 도시주의와 인공지능

도시는 "농업 혁명 이후 잉여 농산물의 거래와 집적을 통해 생겨난 인류 문명의 정주지"를 통칭하는 개념이다. 그러나 같은 도시로 번역되는 영어 시티(City)라는 단어는 다소간 물리적으로 정의된 공간적 형태로서의 도시를 의미하고, 반면에 어반(Urban)이라는 도시 용어는 사람들의 삶터나 지역의 인구 분포, 밀도 등과 같이 더 포괄적이고 유연한 개념으로서의 단어라 할 수 있다. 한편 도시주의(Urbanism)라는 용어는 일반적으로 "제2차 산업 혁명(Industrial Revolution) 이후 나타난 대규모 도시화, 즉 이촌향도(농촌에서 도시로의 대규모 인구 이동) 현상을 지칭하는 도시화(Urbanization) 문제를 계획적으로 대응하고 효과적으로 관리 해결하기 위한 도시 계획(Urban Planning)의 계획 이념과 철학"으로 이해된다고 말하고 있다(루이스 멈포드, 2016).

최근 4차 산업 혁명 시대의 도래와 함께 나타난 기술 변화와 이에 따른 초연결성(Hyper-Connected), 초지능화(Hyper-Intelligent) 사회에서 도시는 지난 세기의 도시화에 버금가는 커다란 변화를 경험하고 있다고 알려져 있다. 더욱이 코로나 팬데믹 같은 범지구적 기후 변화와 환경 영향은 새로운 도시 문제를 야기하고, 보다 적극적인 계획적 대응을 요구한다. 미국에서부터 시작된 신도시주의(New Urbanism) 논의는 이러한 요구에 기반한 것이라 할 수 있다. 미국 등에서 언급하고 있는 새로운 도시주의라는 개념은 과거 산업화 시대의 도시주의(Urbanism)에 대응한 용어로, 통칭해서 사용되기도 하지만 더 세밀하게는 매우 다양한 새로운 도시 문제와 계획 이슈에 대응하는 여러 가지 형태의 도시주의로 구분해 설명하기도 한다. 예컨대, 생태 도시주의(Ecological-Urbanism), 포용 도시주의(Inclusive-Urbanism), 시간 도시주의(Chrono-Urbanism), 경관 도시주의(Landscape-Urbanism), 녹색 도시주의(Green-Urbanism), 방어 도시주의(Defensive-Urbanism), 반 도시주의(Anti-Urbanism) 등을 들 수 있다.

이와 같이 다양한 도시 문제와 계획 이슈를 가진 도시마다의 특성에 효과적인 정책으로 대응해야 한다는 것이 과거 모더니즘 시기의 도시주의와 명확히 구분되는 신도시주의(New Urbanism)의 시대적 특징이라 할 수 있다. 그리고 이를 실현하기 위한 매우 구체적이고 기술적이며 다양한 지역 주민의 요구와 참여까지 함께 잘 고려해 대응할 수 있어야 하는 맞춤형 도시 관리 혹은 장소 기반 공간 만들기를 실현하기 위해서 그 어느 때보다도 복잡하고 어려운 계획가의 역할이 요구된다고 할 수 있다.

오늘날의 도시가 당면하고 있는 환경 문제, 교통 문제, 사회 문제, 경제 문제 등은 쉽게 문제를 해결할 수 없는 매우 복잡한 고차 방정식이라 해도 과언이 아니다. 문제에 영향을 미치는 변수들이 매우 다양할 뿐만 아니라 정치적, 경제적, 사회적, 환경적 요인 등 여러 변수들이 상호 긴밀히 영향을 미치면서 복잡하게 연계되어 있기 때문이다.

그리고 한 도시에서의 문제와 해법이 다른 도시에도 그대로 나타나고 여전히 적용 가능하다는 것을 결코 담보할 수 없다. 이는 국가마다 또 도시마다 상황이 다르고, 많은 이해 관계자들의 연령별, 계층별, 성별 특성 또한 매우 다양하기 때문이다.

그러나 이러한 소위 복잡계로서의 도시도 보이지 않는 자연법칙과 같은 일정한 원칙과 패턴을 가지고 작동하고 있다고 알려져 있다. 이 지점이 바로 인공지능(AI)이 필요하고 제 역할을 할 수 있는 핵심적인 근거가 된다. 통상적으로 인공지능은 반복된 패턴이나 일정한 규칙성을 가지고 있는 부분에 대해서는 과거의 경험과 사례를 바탕으로 이를 심화 학습 혹은 반복 학습함으로써 이를 통해 보다 빠르게 동일한 작업을 실행하고, 사람보다 훨씬 다양하고 많은 작업량을 제한 없이 신속하게 처리할 수 있다고 알려져 있다. 또한 여러 가지 요인에 의한 영향 관계에 따른 복합적인 결과에 대해서도 이를 예측 대응할 수 있다는 측면에서 과거 사람이 할 수 없는 부분에 대해서도 그 관계성을 이해하고 처리할 수 있다고 할 수 있을 것이다.

따라서 자연계의 복잡한 관계성을 이해하고 해석하는 것과 같이 도시에서의 복잡계에 대해서도 그 관계성을 이해하고 해석할 수 있다면 이를 인공지능이라는 첨단 기술을 통해 시뮬레이션하고 이에 바탕을 둔 미래 예측 및 대응을 할 수 있다는 것이 최근에 주목받고 있는 도시과학(Urban Science) 분야다. 이와 함께 현재 세계 각국은 지금까지의 스마트 시티(Smart City) 논의를 넘어서는 새로운 AI 시티(Artificial Intelligence City)에 대한 연구를 활발하게 추진하고 있다. 여기서 AI 시티란 한마디로 스마트 시티와 AI 기술의 융합을 통한 도시의 지능적 관리와 지속 가능한 발전을 실현한 미래의 새로운 도시 모델이라 할 수 있을 것이다.

도시 복잡계와 보이지 않는 질서

전통적으로 자연계는 생물학과 물리학 등을 기반으로 한 보이는 세계에 대한 자연 과학에 의해 해석되고 설명되고 있다고 할 수 있다. 도시도 이러한 자연계의 일부로서 주로 유기적 생태 이론이나 물리학에서의 뉴턴(Newton) 역학 등에 기반한 지리학 혹은 도시 공학으로 이해되고 관리되었다고 할 수 있다.

흔히 도시 형태학이나 도시 계획에 이용되는 풍수지리 이론이나 상권 분석 및 중심지 형성 이론에 사용되는 중력 법칙 그리고 교통 공학 등에 사용되는 유체 역학의 개념 등을 대표적인 예로 들 수 있을 것이다.

한편 최근에는 도시를 하나의 보이지 않는 세계로서의 분자와 양자로 구성된 우주에 대한 새로운 물리학을 이야기한 앨버트 아인슈타인(A. Einstein)의 양자 역학(Quantum Physics)의 관점에서 이해하고, 도시 문제와 도시 현상을 해석하고 설명하려고 하는 도시 과학(Urban Science) 혹은 도시 물리학(Urban Physics)의 분야가 새롭게 주목받고 있다.

예컨대 인터넷이나 전자 상권이 사회 관계망(Social Network)을 중심으로 활성화되고 있는 현대 사회에서 도시에서의 입소문(Viral Effect) 등을 통해 만들어지고 있는 새로운 핫 플레이스(Hot Place)로서의 신흥 상권 형성 등을 이해하고 설명하기 위해서는 새로운 이론이 필요하기 때문이다.

또한 최근 스마트폰 등을 통한 수많은 빅 데이터의 형성과 수집 그리고 이를 바탕으로 한 다양한 도시 관련 데이터의 분석이나 해석과 관련한 데이터 사이언스(Data Science) 분야의 발전과 함께 이에 대한 관심이 더욱 증가하고 있다. 기본적으로 이러한 도시 물리학의 분야에서는 도시를 자연 생태계와 유사한 하나의 복잡계(Complexity System)로 이해하고 있다. 도시 복잡계에 대한 인식은 그동안 이해하거나 풀 수 없었던 많은 도시 문제를 해석하고 해결하기 위한 새로운 기회를 제공하고 있고, 이러한 도시 빅 데이터에 기반한 도시 복잡계의 해석에 인공지능(AI) 기술이 무엇보다 중요하게 자리하고 있다.

오늘날의 도시는 급격한 사회적 변화에 대응해 대도시로서의 복잡한 도시 문제를 효과적으로 잘 처리하고 관리하도록 요구받고 있다. 이러한 도시에서의 보이지 않는 질서를 이해하고 이를 잘 관리함으로써 복잡계로서의 다양한 도시 문제 해결과 도시민의 행복 추구를 도모하는 데 인공지능 기술이 중요한 역할을 할 수 있을 것이라 기대하고 있다.

신도시주의와 AI가 지향하고 있는 가치

과거 산업화 사회에서의 모더니즘이 지향하던 사회적 가치로서의 도시주의는 대량 생산과 대량 소비에 바탕을 둔 표준화와 효율성이었다고 할 수 있다. 이에 따라 도시를 계획하고 관리하는 기준과 원칙도 크게 다르지 않아 많은 경우 모더니즘 도시들은 결과론적으로 비인간적인 회색 도시, 기계 도시로 이해되고 비난받아 왔다. 즉, 현재의 신도시주의가 탄생하게 된 배경도 이런 삭막하고, 인간성이 말살된 대도시 문제를 해결하고 커뮤니티와 인간 중심 사회를 회복함으로써 도시민들의 행복과 안녕을 추구하기 위한 것이었다고 할 수 있다.

다양한 신도시주의 경향에 기반한 많은 새로운 도시 경영 철학으로서의 도시주의가 지향하는 관점과 대상이 다소 다를지언정 공통적으로 지향하고 있는 기본 가치와 이념은 모두 이를 공유하고 있다고 할 수 있다.

최근 우리 인류 사회는 알파고(AlphaGo)와 생성형 AI로 알려진 챗지피티(Chat-GPT)로 대변되는 급격한 미래 인공지능 사회로 진입하고 있다고 할 수 있다. 즉, 의학, 법학, 경제학, 공학, 예술 분야 등 사회 전반에 걸쳐 급격하게 인공지능(AI) 기술의 도입이 확산되고 있다.

이러한 변화와 함께 대두되고 있는 논란이 소위 인공지능이 인간의 미래 일자리와 역할을 대체함으로써 인류 사회가 커다란 위협에 빠지지 않을까 하는 것이다. 이와 같은 우려는 사실 과거 2차 산업 혁명 시대에도 급격한 기계화, 산업화로의 전환에 따른 인류에 대한 위협을 우려했던 러다이트 운동(Luddite Movement), 즉 기계 파괴 운동 때에도 이미 경험했던 일이라 할 수 있다.

실제 인류 문명은 그럼에도 불구하고, 산업화 이후에 수많은 새로운 일자리가 생겨나고, 인류의 삶이 더 풍요로워진 경험을 가지고 있다. 이와 같이 인공지능으로 대변되는 제4차 산업 혁명의 시대가 오더라도 결국 인류 사회가 지향하는 미래 사회는 신도시주의가 지향하는 바와 같은 보다 인간 중심적이고 자연과 환경의 지속 가능성을 증진해 나갈 긍정적인 미래가 될 것으로 기대된다. 그리고 이와 함께 더 많은 일자리와 풍요로움이 과거의 경험과 같이 생겨날 것이라 할 수 있을 것이다.

따라서 지금 우리가 노력해야 할 일은 인공지능과 같은 미래 기술 발전이 가져올 불확실한 미래에 대한 우려가 아니라 새롭게 대두되고 있는 범지구적인 기후 위기와 기술 변화에 따른 급격한 사회 변화 속에서 새롭게 대두되고 있는 다양한 도시 문제 해결을 위해 어떤 가치와 철학을 가지고 도시를 만들어 나갈 것인가, 그리고 이를 위해 어떻게 인공지능을 잘 활용할 것인가 하는 것이 아닐까 생각한다.

현재 우리 도시에는 여러 가지 문제들이 산재해 있다. 대표적으로 환경 문제와 교통 문제가 있고, 주거 문제, 교육 문제, 여가 문제, 일자리 문제, 복지 문제, 경제 문제, 불평등 문제, 시간 문제 등등 말할 수 없이 많은 문제가 산적해 있다. 도시에서의 행복은 증진하면서도 과밀로 인한 혼잡과 어려움을 극복할 수는 없을까? 어쩌면 우리가 AI에게 도움을 받고 싶은 부분이 그것이지 않을까 생각한다. 아마도 AI가 이러한 문제를 해결하는 데 불가능을 가능으로 바꾸어 주고, 또 그 문제 해결의 시간과 노력을 줄여 줄 수 있을 것이다.

이 책의 구성

이 책은 도시와 인공지능(AI)에 관심을 가지고 있는 학생, 일반, 전문가 누구나 이해하기 쉽게 구성하려 노력했다. 이를 위해 최근 도시가 변화하고 있는 일반적인 경향에 대한 설명와 함께 인공지능이 이러한 변화에 어떤 기여와 역할을 할 수 있을 것인가에 초점을 두고 서술했다.

우선 먼저 최근의 사회 변화와 도시를 이해하는 이념과 철학을 도시주의라는 개념으로 설명했다. 그리고 보다 최근의 도시 변화를 설명할 수 있는 세부 요소별로 인공지능이 어떤 역할과 변화를 가져올 수 있는지를 각각 나누어 설명하고 있다. 마지막으로 미래 도시를 인공지능과 함께 어떻게 계획하고 관리해 나가야 하는지 소개하면서 마무리하고 있다.

전체는 10장으로 구성되어 있으며 각 장은 2~3개의 소주제를 중심으로 기술되어 있다.

1장에서는 최근의 사회 변화와 미래 도시 전망에 대해 일반적인 이해와 공감을 이끌어 낼 수 있도록 기후 변화와 기술 변화를 중심으로 미래 도시가 어떻게 변화할지를 전반적으로 다루고 있다. 2장에서는 국내외 도시 변화에 따른 도시 패러다임의 변화를 신도시주의(New Urbanism)란 관점에서 조망해 보고, 이에 따른 구체적인 도시들의 변화 움직임과 사례 등을 소개하고 있다.

3장에서는 우선 먼저 도시 사회가 직면해 있는 변화들에 대한 위기의식과 대응을 소개하고, 특히 인공지능과 관련한 다양한 사회적 이슈와 논의를 중심으로 미래 도시 사회가 나아가야 할 대응 방향에 대해 논했다.

4장 도시 거버넌스와 인공지능 부문에서는 공공과 민간 그리고 공공 중에서도 중앙 정부와 지방 정부, 그리고 민간에서도 주민과 시민 단체 및 민간 기업 등이 미래 변화에 어떻게 대응하고 있는지, 이 과정에서 나타나고 있는 갈등과 문제는 무엇인지, 그리고 이를 효과적으로 풀어 나가기 위해 인공지능이 어떤 역할을 할 수 있는지를 실제 사례를 중심으로 소개하고 이를 전망해 보았다.

5장 지속 가능성과 인공지능 파트에서는 결국 우리 사회와 인류가 지향해야 할 미래 가치로서의 지속 가능한 발전을 중심으로 친환경적이고 인간 중심의 미래 사회를 전망해 보고, 이를 실현하기 위해 인공지능이 어떻게 활용되고 있는지를 중점적으로 다루었다.

6장과 7장에서는 모빌리티 혁신을 중심으로 미래 도시 사회를 조망해 보고, 실제 인공지능이 이런 변화를 어떻게 촉진하고 혁신적으로 발전시키고 있는지, 그리고 이에 따른 미래 도시에서의 공간 이용과 도시를 구성하고 있는 기본 골격으로서의 기반 시설, 즉 도시 인프라들이 기후 변화와 기술 변화에 따라 어떤 변화를 요구받고 있는지를 소개하고, 실질적으로 각 도시들은 이에 어떻게 대응하고 있는지를 중심으로 또 인공지능은 이러한 변화에 어떤 역할을 하고 있는지를 집중적으로 다루었다.

8장, 9장에서는 보다 실질적이고 구체적인 도시 공간 변화와 공간 가치 변화 그리고 이를 실현하고 있는 미래 도시 부동산은 어떤 변화를 겪게 될지, 또 사람들은 이런 변화에 어떻게 적응해 나가야 할지를 상세히 다루었다.

마지막으로 10장에서는 미래 도시가 변화하는 다양한 변화 방향과 과제를 구체적인 도시 정책과 공간 계획에서 어떻게 실현하고 있는지 도시 계획의 미래를 중심으로 설명하고, 이를 통해 직접적으로 도시에 살고 있는 사람들의 삶을 여하히 변화시키고 행복으로 이끌 수 있을지를 전망해 보았다.

참고문헌

국토 교통부(2019). 빅데이터 기반 인공 지능 활용 미래 도시 계획 기술 개발 기획 연구. 국토교통기술진흥원.

국토 교통부(2014). 국토 이용 및 도시 계획 체계 개편 연구.

이희정 외(2014). 『새로운 도시, 도시 계획의 이해』. 대한국토도시계획학회. 보성각.

최봉문 외(2020). 스마트 도시 계획 도입을 위한 정책 연구. 서울특별시, 대한국토도시계획학회.

루이스 멈포드(2016). 『역사 속의 도시』. 지식을만드는지식.

01
사회 변화와 미래 도시

미래 도시 논의는 왜 중요한가? 도시의 변화는 왜 나타나고 있나? 이러한 도시 사회의 변화를 이해해야만 미래 도시 혁신에 대해 이해할 수 있다. 4차 산업 혁명 시대에 부합하는 기술 변화와 인재 양성을 위한 교육 혁신, 기후 변화와 증가하고 있는 재난과 방재에 대비하기 위한 도시 혁신 등 미래 도시 혁신의 필요성을 제시했다. 아울러 국내외 도시들은 어떠한 노력을 기울이고 있는지도 살펴본다.

기후 변화와 미래 도시 그리고 인공지능

최근 인류는 코로나 19라고 하는 바이러스로 인한 세계적 팬데믹 위기를 겪었고, 약 1억 명 이상의 희생자와 도시 봉쇄(Lock down) 혹은 도시 마비(Shut down)를 경험한 바 있다. 이때 우리나라는 다행히도 소위 말하는 K-방역 체제라고 하는 빅 데이터와 인공지능 기반의 확진자 추적과 동선 예측이라는 효과적인 대응 방식을 통해 감염병 확산을 최소화하고 피해를 줄임으로써 사회적 거리 두기 외엔 도시 기능을 유지해 세계적으로 주목을 받은 바 있다.

범지구적인 이상 기후와 재난은 이제 피할 수 없는 자연재해로 전 인류의 위협이 되고 있다. 우선적으로는 이러한 기후 변화와 재난 상황을 사전에 예측하고 효과적으로 대응하는 것이 도시 생존에 점점 더 중요해지고 있다. 이와 아울러 재난 상황에서의 도시 방재를 통한 도시의 회복 탄력성(Resillience)을 높이기 위한 노력을 많은 도시들이 앞다투어 추진하고 있다. 이러한 방어적 도시 관리(Defensible Urbanism)의 핵심에 인공지능(AI) 기술이 무엇보다 중요하게 자리 잡고 있다.

극지방의 빙하가 녹아내리고, 이로 인한 해수면 상승과 지진 해일의 급증 그리고 엘니뇨 등 이상 기후로 인한 산불의 빈발과 대기 오염, 미세 먼지 등 호흡기 문제 급증 등 다양하게 인류의 생존과 도시의 존립에 영향을 주는 기후 변화의 핵심 원인으로 전 지구적 탄소 배출 증가에 따른 지구 온난화 문제를 들고 있다.

이에 따라 유엔 등 세계 각국은 리우 선언 및 파리 협약 등을 통해 도시에서의 탄소 배출을 최소화하기 위한 탄소 중립 도시 실천을 위해 세계 기준을 제시하고 소위 넷-제로(Net-Zero) 실천을 위한 국제적 노력을 추진하고 있다.

개별 탄소 배출원으로서의 자동차나 기계, 각종 토지 이용 건축물과 도시 활동 등의 효율적 제어를 통한 도시 관리와 탄소 흡수원으로서의 녹지와 자연환경의 회복과 정비를 위한 친환경적이고 지속 가능한 도시 관리 실현을 위해서는 엄청난 도시 데이터의 모니터링과 이러한 빅 데이터의 분석과 예측 및 관리라는 기술적 뒷받침이 요구된다. 그리고 이러한 모니터링과 예측 및 관리에 인공지능 기술이 절대적으로 필요하다고 할 수 있다.

기술 변화와 미래 도시 그리고 인공지능

우리가 현재 경험하고 있는 기술 변화는 일찍이 경험하지 못했던 엄청난 수준의 발전이라고 해도 과언이 아닐 것이다. 4차 산업 혁명으로 표현되는 기술 혁명은 인공지능, 빅 데이터, 사물 인터넷(IoT), 블록체인, 로봇, 자율 주행 차, UAM, 하이퍼 루프, 가상 현실, 메타 버스(Metaverse) 등 이루다 말할 수 없을 정도로 다양하고 폭넓은 영역에서 폭발적으로 이루어지고 있다고 할 수 있다. 더욱이 이런 기술 변화가 조만간 특이점(singularity)이라고 하는 변곡점을 지나면 기계가 스스로 기술 혁신을 이루는, 즉 인공지능이 기술 변화를 폭발적으로 증진하는 단계가 될 것으로 예상하고 있다.

여기에서 우리는 과연 이러한 기술 변화가 미래 도시를 어떻게 변화시킬 것인가, 즉 인공지능은 과연 우리의 삶을 어떻게 변화시키고, 얼마나 많은 변화를 우리 도시에 가져올 것인가 하는 근본적인 질문을 해 보게 된다. 그리고 그 변화는 과연 사람들을 행복하게 할까 혹은 불행하게 할까 궁금증을 가지게 된다.

어쩌면 이 질문에 대한 답은 현재의 우리 도시 속에서의 삶 속에 있지 않을까 하는 생각을 해 본다. 지금까지도 인류는 2차 산업 혁명 이후 끊임없이 기술 혁신을 추구해 왔다고 할 수 있다. 이러한 새로운 기술 변화가 있을 때마다 우리는 이전 도시에서의 문제를 기술적으로 해결하고 극복하면서 새로운 도시를 만들어 왔다고 할 수 있다. 어쩌면 현대 도시는 이와 같은 인류의 끊임없는 기술 발전과 노력의 산물이라 해도 과언이 아닐 것이다.

하지만 지난 세기의 기술 발전과 도시 개발에 대해 많은 문제의식과 새로운 변화의 필요성에 대한 이야기들이 지속되어 왔다. 산업 사회가 야기한 대도시의 과밀 문제, 환경 문제, 인간 소외 문제, 수많은 갈등 문제 등 대도시가 주는 편익만큼 감내해야 하는 수많은 문제들을 안고 있었다고 할 수 있다.

현재 인공지능으로 대변되는 기술 혁신이 미래 도시를 변화시키길 기대하는 부분은 도시가 주는 편익은 유지 혹은 증진하면서도 그동안 감내해 왔던 많은 어려움과 한계는 최소화할 수 있는 방안은 없을까 하는 것이다. 따라서 인공지능과 같은 기술 변화에 기대하는 미래 도시의 변화한 모습은 각종 현대 도시가 안고 있는 도시 문제의 해결일 것이다.

일정한 패턴을 가지고 반복되는 문제이거나, 그 문제가 복잡한 구조 속에서도 어떤 규칙과 기준을 가지고 나타난다는 사실을 우리가 알 수 있다면 인공지능은 그와 같은 반복과 규칙을 이해하고, 해석하고 통제하는 데 들어가는 노력과 시간을 줄여 주거나 해소해 줌으로써 미래 도시에서의 삶을 행복하게 해 줄 수 있을 것이라 기대할 수 있다.

실제 최근 데이터 사이언스 분야에서는 도시라는 복잡계 속에서의 빅 데이터의 수집과 해석을 통해 그동안 우리가 알지 못했던 미세 먼지나 환경 오염 문제의 발생 양상과 원인, 이유 등을 인공지능 기술을 통해 파악해 냄으로써 사전에 이를 예측하거나 미리 방지하기 위해 노력해서 문제를 저감하는 성과를 나타내기도 했다.

이와 같은 비슷한 인공지능의 연구는 교통 체증 문제와 교통 흐름, 사람들의 교통수단 선택과 이용의 패턴을 분석하고 이를 통해 교통 흐름을 최적화하고 교통수단을 분산하는 등 교통 문제 해소에도 많은 성과를 보이고 있다.

이와 같이 인공지능과 빅 데이터 분석 기술이 해결할 수 있는 도시 문제는 수없이 많다. 외국의 사례를 통해 볼 때 사회 저소득층의 분포와 극한 기후에의 대응 한계를 파악하고 사회적으로 해결하거나, 수많은 도시민의 민원 사항을 챗봇이나 인공지능 등을 통해 신속히 대응 및 분류하고 처리해 해당 민원 업무를 보는 부서에 빠르게 전달함으로써 효율적으로 문제를 처리해 내는 등 점점 더 많은 긍정적인 사례들이 나타날 것으로 판단한다.

최근 도시 분야에서는 산업 사회에서의 수많은 도시

문제의 근본 원인을 용도 분리와 이에 따른 직주 분리라 판단하고 이를 새로운 관점에서 해결하려고 하는 시간 개념의 새로운 도시 관리 방안을 모색하는 시도를 하고 있다. 이와 같은 도시에서의 생활권 단위 활동의 진단과 문제 원인 규명을 위해서는 도시에서의 다양한 진단 지표와 유동 인구, 이동 패턴 등에 대한 빅 데이터와 인공지능 분석이 필요하다.

또한 이러한 문제 해결을 위해 정책적 대안을 수립하고, 정책 효과를 시뮬레이션해 보고 평가하기 위해서도 다양한 도시 상황을 가상의 도시 공간에서 모델링해 보는 소위 디지털 트윈 기술이 필요하다. 이를 통해 시행착오를 최소화하면서 비용 대비 효과를 극대화할 수 있는 최적의 대안을 빠르게 제시하고 적용해 문제를 해결할 수 있을 것이다.

물론 이런 기술 변화를 미래 도시의 문제 해결이라는 도시 혁신으로 이끌기 위해서는 현재의 수많은 도시 현상들을 담아내는 엄청난 데이터의 수집과 분석 그리고 표준화와 통합 작업 등이 요구된다 하겠다. 또한 이를 분석 처리할 수 있는 인공지능 알고리즘과 평가 방법론 등을 구체화하고 상용화할 수 있도록 많은 노력이 필요하다. 그러나 분명한 것은 인공지능과 기술 혁신은 미래 도시가 지금보다 더 나은 도시 환경을 실현하는 데 크게 기여할 것임에 틀림없다. 희망적인 기대를 가지면서 미래 도시의 실현을 기대해 본다.

참고문헌

서울시 생활권 계획 홈페이지. urban.seoul.go.kr

서울특별시(2020). 미래 사회 변화 대응 2040 도시 기본 계획 수립 방향 연구. 서울연구원.

이희정 외(2014). 『새로운 도시, 도시 계획의 이해』. 대한국토도시계획학회. 보성각.

02
새로운 미래 도시주의

국내외 도시들에서 나타나고 있는 도시 패러다임의 변화에 대해 살펴본다. 이를 이해해야만 새로운 미래 도시주의를 이해할 수 있다. 구체적인 도시들의 패러다임에 대응하는 새로운 도시주의 경향과 구체적인 변화와 적용 사례 등을 통해 미래 도시 혁신의 필요성을 제시했다. 아울러 국내외 주요 도시들이 도시 혁신을 위해 어떠한 노력을 기울이고 있는지도 살펴보았다.

도시 패러다임의 변화

패러다임이란 한 시대의 사람들의 견해와 사고를 지배하고 있는 이론적 틀이나 개념의 집합체를 의미한다. 이는 미국의 과학사학자이자 철학자인 토머스 쿤(Thomas Kuhn)이 그의 저서 『과학 혁명의 구조(The Structure of Scientific Revolution)』에서 새롭게 제시해 널리 통용된 개념이다.

쿤에 따르면 하나의 패러다임이 나타나면, 이 패러다임에서 나타나는 갖가지 문제점들을 해결하기 위해 계속적인 연구와 탐구 활동을 하게 된다고 한다. 많은 경우 과학 혁명이 일어나면서 한 시대를 지배하던 패러다임은 사라지고, 새로운 패러다임이 그 자리를 대신하게 된다고 알려져 있다.

현재 제4차 산업 혁명은 엄청난 과학 혁명의 산물이라 할 수 있다. 이는 대표적인 오늘날의 산업화 사회를 촉발한 제2차 산업 혁명에 비견할 만큼 인류 문명에 커다란 변화를 가져오고 있다고 평가되고 있다. 과학사적으로 보면 농업 혁명 이후 도시가 탄생하고, 다시 산업 혁명 이후 도시화(Urbanization) 과정을 통해 오늘날의 대도시가 탄생하게 되었다고 이야기하고 있다. 그리고 이런 대도시에서의 도시 생활을 형성하고 있는 시대적 견해와 사고, 즉 도시 패러다임을 일반적으로 모더니즘 사회의 대표적인 도시주의로서 어바니즘(Urbanism)이라 규정하고 있다.

한편 산업 사회의 갖가지 도시 문제, 예컨대 인간 소외, 회색빛 도시, 과밀 문제와 교통 체증, 환경 오염, 커뮤니티의 파괴, 기능주의 도시의 폐해 등의 문제점을 해결하기 위해 지속적인 논의와 활동들이 이루어져 왔고, 미국 제인 제이콥스의 대표적 저술인 『미국 대도시의 삶과 죽음』이란 책을 통해 새로운 인간 중심의 사회, 커뮤니티를 중심으로 한 새로운 패러다임으로서의 뉴 어바니즘(New Urbanism)이 1990년대 중반에 나타나게 된다.

하지만 보다 본격적인 도시 패러다임의 변화는 21세기 들어 제4차 산업 혁명이라는 커다란 과학 혁명 혹은 기술 혁명이 나타나면서부터라고 할 수 있다. 여기에 범지구적인 기후 변화의 영향에 따른 각종 재난 및 위기 상황이 급증하면서 인류의 생존과 도시의 존립에 영향을 주게 되고, 도시에 살고 있는 사람들의 견해와 사고를 크게 뒤흔들게 된다. 이것이 최근 다양한 형태의 새로운 도시주의로서 각종 도시 패러다임이 논의되는 배경이다.

현재 가장 주목받는 새로운 도시 패러다임은 친환경적

이고 지속 가능한 도시라는 개념(ESSD, Environmentaly Sound and Sustaionable Development)에 바탕을 둔 생태적 도시주의(Eco Urbanism or Ecological Urbanism)다.

이러한 도시 패러다임을 실천하기 위해 전 세계를 대표하는 유엔(UN)에서는 다양한 국제 협약 등을 통한 탄소 중립 도시 실현을 유도하고 있고, 현재 탄소 흡수원으로서의 녹지와 자연환경의 회복과 정비 그리고 탄소 배출원으로서의 건축물과 자동차, 산업 시설 등의 토지 이용에 대한 엄청난 도시 데이터의 모니터링과 이의 예측 및 관리를 위한 기술적 뒷받침으로 인공지능 기술을 발전시키고 있다.

또 다른 대표적 신도시주의 중 하나로 최근에 주목받고 있는 것이 이달고(Hidalgo) 파리 시장과 모레노(Moreno) 교수를 위시한 많은 사람들이 연구하고 있는, 소위 15분 도시 패러다임이라 할 수 있다. 이 패러다임은 다른 한편으로 시간 개념의 도시주의(Chrono Urbanism)란 개념으로 소개되고 구체화되고 있다. 그리고 파리 이외에도 멜버른 등 많은 도시에서 이 개념을 채택하고 있다.

이 개념은 과거 산업 사회가 새로운 도시 모델로 채택

한 르 코르뷔제(Le Corbusier)의 소위 빛나는 도시 모델(Radient City Model)을 통해 일상화된 직주 분리 개념, 소위 용도 지역제 구분을 통한 도심부와 주거지의 분리와 이에 따른 출퇴근 교통과 러시아워로 많은 도시민이 엄청난 시간 손실과 고통을 감내해야만 하는 삶을 살고 있다는 문제의식으로부터 시작된 새로운 관점이다.

즉, 탈산업 사회로서의 지식 기반 사회로 진입하고 있는 4차 산업 혁명 시대에 더 이상의 직주 분리는 무의미하다는 인식에서부터 출발하고 있다. 따라서 직주 근접을 위한 혼합적 토지 이용의 실현과 15분 혹은 30분 등으로 상징화된 소위 N분 생활권으로 도시 공간을 재편함으로써 많은 시간을 가족과 개인의 여가 활동 및 자기 계발에 활용할 수 있도록 해 주고, 그럼으로써 행복과 삶의 질을 높이자는 일종의 새로운 운동(Movement)이라 할 수 있다.

이 패러다임은 이미 전 세계적인 관심을 끌고 있으며, 뉴질랜드, 미국 포틀랜드, 싱가포르 등에서도 이 개념을 적용한 도시 실현을 모색 중이다. 우리나라에서도 서울특별시에서 2040 도시 기본 계획에 N분 생활권 계획을 제시하고 있으며, 부산과 제주 등에서도 15분 도시 구상을 천명하고 계획을 본격적으로 추진하고 있다.

실제 부산의 경우는 국가 R&D 실증 시범 도시로 선정되어 구체적인 15분 도시 구상 실현에 빅 데이터와 인공지능 기술의 활용 방법을 적용하는 최초의 도시가 되지 않을까 기대하고 있다.

새로운 미래 도시주의와 인공지능

과거와 같은 모더니즘 시대의 도시주의는 도시화 과정을 통해 형성된 신도시(New Town) 건설이나 기존 도시의 대도시화 과정에서의 새로운 개발, 재개발 등의 건설을 통해 이 개념을 실현해 왔다고 할 수 있다. 하지만 현재 제기되고 있는 뉴 어바니즘으로서의 생태적 도시주의나 시간 도시주의 개념 등에 입각한 새로운 미래 도시주의의 실현을 위해서는 기존 도시의 재구조화 혹은 재편이라고 하는 쉽지 않은 문제를 극복해야 하는 과제가 남아 있다.

물론 현대적 의미의 뉴 어바니즘에 입각한 신도시 건설이 없는 것은 아니다. 초기 뉴 어바니스트들에 의한 미국의 시사이드(Seaside) 도시 등의 건설이 대표적인 예이며, 특히 최근 많은 국가에서 새롭게 시도하고 있는 다양한 형태의 스마트 시티(Smart City) 건설 등에서는 과거와 같은 개발 중심으로 미래 도시주의에 입각한 도시 건설을 추구하고 있다고 할 수 있다. 우리나라에서도 신행정 수도 건설 사업의 일환으로 시행된 세종시 건설이나 부산 에코 델타 시티 건설 등의 일부 스마트 시티 시범 사업이 비슷한 형태로 추진되고 있는 사례라 할 수 있다.

하지만 서울이나 파리와 같은 기존 대도시를 중심으로 한 생태적 도시주의 실현이나 시간 도시주의의 달성은 매우 정교한 도시 재개발 혹은 재구조화 작업을 통해 기존 도시 조직에 끼치는 영향을 최소화하면서도 현재의 부동산 가치의 증진과 이를 통해 거주민 등 이해 관계자들의 합의와 협조를 이끌어 내야 실현이 가능한, 어렵고 시간이 많이 소요되는 복잡한 대규모 도시 개조 사업이라 할 수 있다.

이와 같은 도시 재생 혹은 도시 재구조화 작업을 위해서는 기존 도시 조직과 토지 이용, 건축물 등의 정보와 커뮤니티와 부동산 가치 등 유무형의 자산을 데이터화하는 작업을 추진할 필요가 있다. 이를 통해 사업의 영향을 사전에 시뮬레이션해 보고 그 파급 효과와 기대 성과를 충분히 검토해 이해 관계자들에게 보여 주고, 이를 바탕으로 다양한 사회적 합의와 경제적 파급 효과의 부정적 영향을 최소화하기 위한 노력을 해야만 한다. 또한 도시 재구조화 작업 과정에 나타나는 기존 시설로서의 도로나 철도 지하화 등의 사업 방식이나 이의 경제성 검토와 재원 조달 및 비용 편익 분석 등을 위한 복잡한 합의 과정과 통합적 거버넌스 구현을 위해 많은 경우 빅 데이터와 인공지능 기술을 활용한 미래 도시 계획의 데이터 기반 의사 결정이 중요한 역할을 하리라 기대되고 있다.

참고문헌

국토 교통부(2014). 국토 이용 및 도시 계획 체계 개편 연구.

이희정 외(2014). 『새로운 도시, 도시 계획의 이해』. 대한국토도시계획학회. 보성각.

이희정(2017). 『맞춤형 도시 계획』. 커뮤니케이션북스, 도시총서.

최막중 외(2015). 지역 맞춤형 공간 계획 체계로의 개편, ≪도시정보≫, 287, 2-22쪽.

토마스 쿤(2013). 『과학 혁명의 구조』. 까치.

03
도시 사회와 인공지능

도시를 구성하는 가장 기본적인 요소는 시민 사회라 할 수 있다. 인공지능으로 대변되는 미래 변화에 가장 큰 위기의식과 대응을 고민하고 있는 주체도 시민 사회를 구성하고 있는 사람들이라 할 수 있을 것이다. 인공지능과 관련한 다양한 사회적 이슈와 논의를 살펴보고 미래 도시 사회가 나아가야 할 방향에 대해 살펴보고자 한다. 아울러 국내외 주요 도시들에서의 논의와 노력들에 대해서도 살펴본다.

도시 변화와 사회적 갈등

사회 조직과 관습은 일반적으로 안정성과 지속성을 전제로 한 매우 보수적인 특성을 보인다고 알려져 있다. 지난 한 세기에 걸쳐 인류 문명의 도시 형성과 도시 사회를 형성하는 데 지대한 영향을 미친 산업 사회의 사회 조직과 관습은 한편으로 시장 경제 체제하에서의 자본주의 사회와 계획 경제 체제하의 공산주의 사회로 지구상의 많은 도시와 도시 사회를 규정하고 지탱해 왔다.

현재 다시 한번 인류는 커다란 제4차 산업 혁명과 엄청난 기후 변화를 겪으면서 전통적인 도시 사회의 큰 위기에 봉착해 있다. 이는 코로나 팬데믹이라고 하는 엄청난 희생자와 도시 봉쇄 혹은 도시 마비를 경험하기 전까지는 큰 변화의 필요성을 느끼지 못했다고 하는 게 사실이다.

구미 지역의 도시를 중심으로 큰 타격을 준 코로나는 역설적으로 이 지역의 도시 변화를 가속화하고 있다. 이에 반해 우리나라는 다행히도 K-방역이라는 성공적 감염병 대비 체제하에 감염병 확산을 최소화하고 피해를 줄였다고 할 수 있다. 그러나 역설적으로 엔데믹 이후 도시 변화보다는 다시 이전 사회로의 회귀가 더 많이 논의되고 있는 것이 서구 사회와 다른 큰 차이점이라 할 수 있을 것이다.

어떤 것이 더 좋은가 하는 문제는 차치하더라도 도시 차원에서 미래 사회로의 전환을 통한 새로운 변화와 새로운 기회 창출이란 측면에서는 분명 공과가 갈릴 것이라 생각한다.

앞으로 많은 도시들은 새로운 위기와 도전에 직면하리라 예상하고 있다. 유럽의 경우 국지적인 전쟁과 자연재해 등을 경험하고 있으며, 이에 따른 많은 피난 이주민과 사회적 비용을 지불하고 있다. 하지만 이를 통해 유럽 사회의 오래된 사회 변혁이 가속하고 있고, 새로운 발전의 논의를 촉발함으로써 위기를 기회로 바꿀 수 있다는 주장도 제기되고 있다.

대표적으로 프랑스와 영국 등 선진국의 경우 도시의 스마트화를 통한 혁신의 필요성을 절감하고 미국의 앞선 통신 및 전자 기술 등을 적극 도입함과 함께 도시 전반을 스마트하게 혁신해 나가는 데 총력을 기울이고 있다. 이를 바탕으로 영국과 프랑스는 두 번의 올림픽 행사를 성공적으로 개최하는 등 이를 도시 변화와 혁신의 계기로 활용하면서 미래 사회로의 전환을 가속화하고 있다고 하겠다.

사회 갈등 해소 그리고 인공지능

많은 경우 서구 사회에서는 새로운 기술 변화와 기후 변화로부터 촉발된 사회 갈등을 보다 적극적인 스마트 기술 도입을 통해 해결하려는 노력을 보이고 있다고 앞서 언급한 바 있다.

그러나 주지하는 바와 같이 새로운 스마트 기술의 대표적인 예라 할 수 있는 인공지능(AI)의 경우, 또 다른 사회적 갈등의 단초가 되고 있는 것이 사실이다. 즉, 인공지능으로 대표되는 미래 사회의 변화가 가속화하고 있는 것과 관련해 이것이 결국 시민들의 일자리를 감소하고 사회적 안정성을 저해할 수 있다는 우려가 확산되고 있는 것이 그 대표적 예라 할 수 있다. 그와 같은 영향의 사실 여부는 더 지켜보아야 할 것으로 보이지만 그 과정에서 소위 인공지능 사회의 윤리 의식이라는 사회적 합의의 필요성과 기술 변화가 가져올 사회 변화에 대한 속도 조절, 최소한의 안정성을 담보할 수 있는 사회적 합의의 필요성 등이 언급되고 있다. 또한 인공지능이 발전하면 할수록 오히려 철학적 가치와 비판적인 시각의 필요성을 더 높게 평가해야 한다는 주장이 제기되고 있다.

급변하는 기후 변화와 기술 변화는 당연하게도 기존 도시 사회에 커다란 위기와 갈등을 야기할 수밖에 없다.

그리고 이런 위기와 갈등을 미리 예측하고, 효과적으로 대응하기 위해서는 다양한 도시의 빅 데이터 등을 분석하고 처리해 대응력과 회복력을 극대화할 필요가 있다. 그리고 이러한 엄청난 도시 빅 데이터의 처리와 분석을 위해서는 인공지능 기술 등 새로운 기술이 반드시 요구된다.

그러나 동시에 이러한 인공지능 기술과 도시 혁신이 또 다른 사회 갈등과 인류 생존의 위협을 불러올 수 있다는 우려도 함께 제기되고 있는 것이 사실이다. 결국 미래 변화에 현명하게 대응하고 부정적 파급 효과는 최소화하면서 긍정적 시너지를 극대화하는 것은 도시 사회와 구성원들의 역량과 노력에 달려 있다고 할 수 있을 것이다. 우리 사회가 이에 보다 능동적이고 현명하게 대응할 수 있는 역량을 갖추었는지 돌아볼 필요가 있다.

최근 우리나라에서 논의하고 있는 N분 생활권에 대해서도 찬반 의견이 나뉘고 있다. 자족적이고 독립적인 생활권으로 재구조화하는 것이 반드시 필요하다는 주장과 반대로 이동의 자유와 현실적인 도시 개조 비용 등의 적절성 등을 놓고, 또 다른 갈등이 제기되기도 한다. 예컨대 최근 특별법 제정 등을 통해 전국적으로 철도와 도로의 지하화를 논의하고 있는데, 산업 사회의 도시 인프라

라고 할 수 있는 이것이 그동안 불가피하게 지역의 단절과 사회적 통합을 저해해 왔기 때문에 지하화를 통해 선형 녹지의 확보와 새로운 모빌리티 혁신을 촉진해야 한다는 주장이 설득력을 얻고 있다.

그러나 한편에서는 저성장 사회로의 진입과 인구 감소, 쇠퇴 도시 등의 사회적 위기를 고려할 때 과다한 사회적 비용이 불가피한 이와 같은 대규모 도시 재구조화 사업의 적절성에 대한 의문을 제기하는 주장도 나타나고 있다.

다른 비슷한 갈등의 사례로 최근 사회적 이슈가 되었던 고속 도로 건설 사업의 노선 입지 선정 논쟁이나 대규모 사회 간접 자본 건설 사업의 비용 증가로 인한 민간 기업 사업성 논쟁 등을 들 수 있다.

결국 이러한 논쟁의 해결과 갈등으로 인한 사회적 비용을 최소화하고, 신속한 의사 결정을 이끌어 내기 위해서는 증거 기반 혹은 데이터 기반의 계획적 뒷받침이 반드시 필요하다. 이렇게 함으로써 불필요한 사회적 갈등의 시간적, 경제적 비용을 최소화하고 보다 효과적으로 국토 도시 공간의 관리 운영이 이루어질 수 있지 않을까 기대해 본다.

참고문헌

국토 교통부(2019). 제3차 스마트 도시 종합 계획(안) 2019~2023.

권용우 · 변병설(2008). 『우리 도시 바로 알기』. 국토지리학회.

서울연구원(2016). 『저성장 시대 서울의 도시 정책을 말하다』. 한울.

이희정 외(2014). 『새로운 도시, 도시 계획의 이해』. 대한국토도시계획학회. 보성각.

KDI 경제정보센터(2017), 정책 과정 변화를 통한 정부 신뢰 제고 방안.

04
도시 거버넌스와 인공지능

미래 도시의 변화는 불가피하게 다양한 이해 관계자들 간의 갈등을 야기할 수박에 없다. 인공지능과 미래 도시에서의 갈등과 이해 상충을 거버넌스라는 주제를 통해 공공과 민간 그리고 주요 주체들을 중심으로 살펴보고, 갈등 중재와 문제 해결을 위한 인공지능의 역할이 무엇인지 논의해 본다.

도시 거버넌스의 중요성

최근 급변하는 도시 환경의 시간적, 공간적 특성을 분석하고 이러한 변화에 따른 이해 관계자의 재산권 및 갈등 문제를 해소하기 위해서는 과거와 같은 정태적 도시 행정 기법으로는 효과적으로 대응하기 어렵다는 게 일반적인 중론이다. 이에 따라 중앙 정부와 지방 정부 그리고 각종 시민 단체와 지역 주민 등 이해 관계자의 의사를 신속하게 파악하고, 서로 다른 자료에 기반한 중구 난방식의 의견 개진과 갈등 심화를 중재하고 이를 해소하기 위해서는 무엇보다도 거버넌스의 기능을 강화할 필요가 있으며, 이는 철저하게 데이터 기반의 도시 행정 실현을 통해 뒷받침할 필요가 있다.

빠르게 변화하고 있는 사회 문화 변화 경향의 반영과 다양하게 제시되고 있는 수요의 충족을 위해서는 기존의 5년 혹은 10년 단위의 도시 조사 정보 체계로는 대응이 어려우며 빅 데이터 기반의 신속한 변화 대응과 수요 기반의 최적 계획, 관리, 운영을 위한 행정 시스템 전반의 혁신이 중요해지고 있다. 이와 아울러 법 제도 개정을 통해 데이터 기반의 행정 체계 전환을 위한 공공 빅 데이터의 통합 구축, 민간 빅 데이터의 개발 및 연계 등의 안정적이고 지속 가능한 행정 지원 체계 마련이 무엇보다도 중요하다. 현 정부에서도 이에 대한 중요성을 인정하고 모든 데이터가 연결되는 '디지털 플랫폼' 위에서 국민, 기업, 정부가 함께 도시 사회 문제를 해결하고 새로운 가치를 창출해 나가는 미래 정부 구현이라는 소위 디지털 플랫폼 정부로의 전환을 국정 당면 과제로 제시하고 실천에 박차를 가하고 있다.

실제 우리나라는 세계적 팬데믹이었던 코로나 19가 창궐하던 시기에 디지털 기술을 활용한 통합 거버넌스로서의 K-방역 시스템 구축을 통해 국내외적으로 확진자의 확산을 최소화하고 국가 전염병 대응 체계의 효과적인 대응을 성공적으로 이루어 낸 경험이 있다. 이는 전자 정부로 대표되는 디지털 정부 정책의 중요성을 다시 한번 국제적으로 인정받는 계기가 되었다.

또한 코로나 19 이후 온라인 쇼핑의 활성화, 비대면 업무의 활성화 등 사회 전반적인 생활 패턴의 변화와 급격한 인구 구조 변화 등에 대한 국가 전략의 효율적인 대응과 도시 패러다임 변화에의 능동적인 대응을 위한 거버넌스 혁신이 가속화하고 있다.

데이터 기반의 미래 도시 그리고 인공지능

기존 공급자 중심의 국가와 도시 행정 전반의 한계를 극복하고 급격히 변화하고 있는 미래 도시 공간 수요에 효과적으로 대응하기 위해서는 그간의 5년 단위 혹은 10년 단위로 시행되는 기초 조사와 센서스 정보 등에 기반한 행정 대응 체제로는 한계가 있다는 것이 일반적으로 받아들여지고 있다.

이에 보다 다변화하는 공간 수요에 능동적으로 대응하기 위한 공간 빅 데이터의 구축 및 활용 그리고 이를 통한 도시 변화 분석과 대응을 위한 인공지능 및 디지털 트윈 등 첨단 혁신 기술을 활용한 데이터 기반의 미래 도시 실현을 위한 적극적인 인공지능 기술의 도입과 활용이 강조되고 있다 하겠다.

최근 정부에서는 인공지능을 포함한 '데이터 댐 사업' 등에 약 5천억 원을 지원해 일자리 창출, 미래 투자, 분야별 혁신을 추진하고 있다(과기부, 2020). 이를 통해 산업 전반에 걸친 빅 데이터 생산 관리를 위한 플랫폼 및 센터 구축을 위해 405억 원을 투입해, 핵심 분야 데이터 수집, 분석, 유통을 위한 5개 플랫폼과 50개 센터를 추가 구축하는 등 지속적인 정부 투자의 확대 적용을 모색하고 있다.

또한 인공지능 기술은 최근 공간 분석 분야에 접목되어 지능형 분석 수단으로 적극 활용되고 있으며, 공간 분석의 시장 규모 확장에 크게 기여하고 있다(한국신용정보협회, 2020). 현재 예상되는 국내 인공지능 시장 규모는 2018년 약 1조 원에서 2019년 약 1.5조 원으로 연평균 40퍼센트 증가하고 있으며, 이후 2025년까지 성장세가 가속화해서 약 11조 원 규모의 시장을 형성할 것으로 전망하고 있다.

다양한 분야에 산재해 있는 데이터 간의 결합, 관련 분야에 대한 정부의 꾸준한 관심 및 투자로 국내 빅 데이터 및 인공지능 분석 시장은 꾸준한 성장이 기대되고 있다. 실제 정부와 민간 부문에서도 다양한 빅 데이터 관련 투자 확대와 사업 모델 발굴을 통해 산업 발전 및 활용 기반 마련을 위한 다각적인 노력을 확대하고 있는 상황이다.

인공지능의 거버넌스 개편

국토 도시 공간에 대한 빅 데이터와 인공지능 기반의 관리 운영 체계를 구축하고 마련할 수 있다면 국가와 도시를 운영하는 거버넌스의 체계도 개편을 모색할 수 있을 것이다.

즉, 미래 다양한 상황의 국토 도시 공간 재편에 유연하고 효율적으로 대응하기 위해서는 앞서 언급했듯이 기존의 공급자 중심의 국토 도시 공간 운영 체제를 보다 수요자 중심의 국토 도시 공간 운영 방식으로 거버넌스의 전환을 꾀할 필요가 있다. 사실 이를 위해서는 대의 민주주의 방식에 의한 중앙 집권적 관리 운영의 거버넌스보다는 풀뿌리 민주주의 방식에 입각한 직접적 주민 참여 기반의 분권적 관리 운영의 거버넌스 체제가 보다 적절하다고 할 수 있다.

이를 실현해 줄 수 있는 거버넌스 혁신이 현재 정부가 추진하고 있는 디지털 정부로의 전환이라 할 수 있겠다. 다양한 지역의 상황을 빅 데이터와 인공지능을 통해 파악하고, 소위 맞춤형 국토 도시 관리를 위한 분권적 국토 도시 관리 운영 체제를 빅 데이터와 인공지능 기반의 미래 국토 도시 계획 기술을 바탕으로 실현해 냄으로써 국민 한 사람 한 사람과 직접 소통하는 혁신적 인터랙티브 행정 체제 구현이 가능해질 것이라 기대한다. 이를 통해 미래에는 지역 맞춤형 국토 도시 공간 관리와 직접적 주민 참여를 통한 지역 환경 재구조화를 실현할 수 있을 것이다.

참고문헌

과학 기술 정보 통신부(2020). 대통령 디지털 정부 국정 보고 자료.

김예승(2016). 스마트 시대의 주민 참여 방안 모색. 제주발전연구원.
박재현(2019). 정부 공공 빅 데이터 통합 플랫폼 구축. 서울연구원.
최희영 외(2018). 국·공유지의 활용 제고를 위한 데이터 관리 방안 연구, ≪도시설계≫.
서울특별시(2016). 2030 서울플랜.
한국신용정보협회(2020). 한국 공간 분석 시장 동향 전망.

05
지속 가능성과 인공지능

급격한 기후 변화 속에서 인류가 생존하기 위한 지속 가능한 도시 실현은 피할 수 없는 숙명이라 할 수 있을 것이다. 인공지능은 인류와 도시의 생존을 위해 지속 가능성을 어떻게 증진할 수 있을까? 친환경적이고 인간 중심의 미래 사회를 전망해 보고, 인공지능의 활용에 대해 살펴본다.

미래 도시의 지속 가능성

빅 데이터 활용의 가장 핵심적인 분야로 미래 트랜드 예측, 예기치 못한 위험 요소 대응, 지속적인 도시 관리와 모니터링 분야 등이 예상되고 있으며, 무엇보다도 탄소 중립 도시 실현 등을 통한 미래 지속 가능성 이슈가 핵심이라 할 수 있을 것이다. 이에 따라 도시 토지 이용의 변화 모니터링과 탄소 배출 및 흡수원에 대응한 토지 이용 변화 예측 등의 핵심 기술 개발이 요구되고 있다 하겠다.

범지구적인 이상 기후와 재난 및 도시 방재 문제 대응을 위해 국가 차원에서도 빅 데이터와 사물 인터넷 센서 등을 통한 인공지능 기술을 바탕으로 도시 정보의 가치 창출과 예측 기반의 공간 분석 조성에 노력하고 있다. 이를 위해 토지 이용 관리 등을 통한 지속 가능한 미래 성장 사회로의 전환을 위한 산업 변화의 초기 대응 및 지속적인 성장을 위한 플랫폼 구축을 지향하고 있다.

현재 많은 도시들이 도시 방재를 통해 도시 회복 탄력성(Resilience)을 높이기 위한 노력을 앞다투어 추진하고 있다. 이러한 방어적 도시 관리를 위한 핵심적 요소에 최근 인공지능 기술이 무엇보다 중요하게 다루어지고 있다.

즉, 빅 데이터를 활용한 환경 변화 예측, 모니터링 등에서 인공지능 분야의 성장이 예상됨에 따라 환경 빅 데이터와 관련한 산업적, 기술적 역량 제고가 필요하며, 특히 큰 성장이 예상되는 환경 공간 정보 데이터를 활용한 도시 공간 정보 산업 분야와의 연계도 중요하다 하겠다. 예컨대 초지능 기술 시장의 확장에 따른 공간 정보 데이터의 체계적 관리와 분석 역량 강화를 위한 건축, 도시, 환경 산업 간의 융합을 통해 신산업 성장 동력을 추구하고 신규 가치 창출을 도모할 필요가 있다.

유엔 등 세계 각국은 리우 선언 및 파리 협약 등을 통해 도시에서의 탄소 배출을 최소화하기 위한 탄소 중립 도시 실천을 강조하고 있고, 우리나라도 소위 넷제로(Net-Zero) 실천을 위한 국가 정책 목표를 제시하고 이를 추진하기 위한 별도의 국가 R&D 사업을 진행하고 있다.

미래 도시는 결국 이와 같은 범세계적인 도시의 지속가능성 이슈를 충족하지 않고는 도시 발전과 성장을 담보할 수 없을 것이라 생각한다. 따라서 범국가 차원에서의 정책 목표 설정, 공공 및 민간 모두의 실천적 노력과 기술적 뒷받침이 요구된다 하겠다. 이러한 미래 예측 및 관리에 인공지능 기술이 절대적으로 필요하다고 할 수 있다.

탄소 중립 도시 그리고 인공지능

유럽 연합(EU)과 영국, 프랑스, 미국 등 주요 선진국을 중심으로 탄소 중립 도시 실천과 관련한 분야 발전은 지난 10여 년간 꾸준한 성장을 이루어 오고 있다. 이를 위해 각 국가들은 기존의 도시 환경 관련 빅 데이터 구축 및 데이터 저장과 같은 하드웨어 분야의 성장을 중심으로 시장 성장을 이루어 왔으며, 최근에는 솔루션 개발, 소프트웨어 발전 등의 빅 데이터를 연계, 가공, 활용하는 서비스 플랫폼 창출 분야로까지 다양한 확장을 모색하고 있다.

이와 관련한 환경 공간 정보 데이터의 성장은 눈에 띄게 증가하고 있으며, 이를 활용한 인공지능 예측 분석 분야의 성장도 기대되고 있다. 스마트 시티 등과 같이 도시 공간 단위의 서비스 창출, 데이터 통합 및 활용, 토지 이용 컨설팅 및 솔루션 제공 등과 같은 미래 탄소 중립 도시 실현을 위한 성장 분야의 확장이 기대되고 있다.

2000년대 초반부터 도시 공간 정보 생성 기술, 시간 도시 정보 획득 기술 등이 특허 출원되었으며, 최근에는 항공 이미지와 지상 이미지의 통합을 통한 3D 공간 정보 생성 기술로서의 가상 모델링과 자동 지도 생성 기술 등이 개발되어 다양한 이미지를 활용한 도시의 분석 작업 등에 활용되고 있다. 이렇게 생성한 3D 도시 모델을 이용해 도시를 모니터링하고 변화를 예측하는 기술이 나날이 발전하고 있다.

향후 도시 계획 의사 결정이나 평가 등을 위한 탄소 중립 도시 실현 등 다양한 목적 달성과 관련한 상호 작용을 가능케 하는 도구들이 제안되고 있으며, 수많은 환경, 도시 및 사회적인 문제들을 고려한 최적화 시뮬레이션, 유전 알고리즘 등의 휴리스틱 전략을 이용한 토지 개발 솔루션 생성, 실시간 유동 인구 데이터 분석 기술, 도시 빅데이터를 이용한 다양한 환경 영향 분석 등 빅 데이터 기반 인공지능 기술 개발은 탄소 중립 도시 실현과 도시의 지속 가능성이란 목표 달성을 실현하는 중요하고도 주도적인 기술 개발로서 자리 잡고 있다고 할 수 있을 것이다.

향후 도시 계획 과정에서도 이와 같은 환경 문제, 사회 문제, 탄소 저감 문제 등을 해결하기 위한 다양한 인자를 고려한 모형 및 알고리즘 제안과 주민들의 참여와 심의를 지원하는 공유 기술 등까지 인공지능 기술을 활용할 수 있는 분야는 무궁무진하다.

인공지능과 미래 지속 가능성

인공지능을 통한 미래 탄소 중립 도시가 실현되면 미래의 국토 도시 공간에서의 지속 가능성은 어떻게 변화할 수 있을 것인가?

아마도 지금보다는 훨씬 에너지 소비를 줄인 미래 국토와 도시가 되지 않을까 기대한다. 이를 위해서는 국토와 도시 공간을 훨씬 더 자족적이고 이동을 최소화한 공간 단위로 구분해 관리 운영할 필요가 있다. 그리고 국토 공간 내 도시 간 이동이나 도시 내부에서의 공간 이동에서도 최적의 이동과 최소의 에너지 소비를 실현할 수 있는 토지 이용과 공간 구조의 재구조화가 이루어져야 하지 않을까 생각한다.

각종 이동을 위한 모빌리티 혁신도 친환경 교통수단과 인공지능 제어 기반의 신교통수단을 통해 최적화해서 관리 운영할 필요가 있을 것이다. 그리고 되도록 많은 교통은 소위 녹색 교통수단(Green Transportation)으로 지칭되는 보행이나 자전거 등과 같은 전통적 생활권 단위(Soft City)에서와 같은 새로운 활동 패턴을 중심으로 재편할 필요가 있을 것이다. 그래야 지금보다는 훨씬 더 환경 친화적이고, 에너지 소비 제로의 지속 가능한 미래 국토 도시 공간의 실현이 가능하지 않을까 판단한다.

참고문헌

4차산업혁명위원회(2019). 스마트 시티 국가 시범 도시 시행 계획 수립 현황 및 향후 추진 계획. 국토 교통부.

이은민(2016). 4차 산업 혁명과 산업 구조의 변화, ≪정보통신방송정책≫, 28(15).

이희정 외(2014). 『새로운 도시, 도시 계획의 이해』. 대한국토도시계획학회. 보성각.

Henry A. Kissinger(2020). The coronavirus pandemic will forever alter the world order. *The wall street journal.*

International Telecommunication Union(2014). Smart sustainable cities: An analysis of definitions. Focus group technical report: ITU.

Wegener, M.(1996). *Reduction of CO2 emmissions of transport by reorganisation of urban activities.* In: Hayashi, Y. & Roy, J.(eds) Transport, land-use and the environment. Dordrecht, Boston, London: Kluwer,

06
모빌리티와 인공지능

미래 도시는 모빌리티 혁신으로 대표되기도 한다. 과거 기관차와 자동차가 가져온 현대 도시의 변화에 버금가는 미래 교통수단의 새로운 기술 혁신은 도시를 어떻게 변화시킬 것인가? 그리고 인공지능은 이런 모빌리티 혁신과 어떻게 연계되어 있는지를 살펴보도록 한다.

모빌리티 혁신과 미래 도시

최근 인류는 엄청난 모빌리티 혁신을 경험하고 있다. 과거 증기 기관의 발명과 기관차, 자동차의 등장에 버금가는 새로운 미래 초고속 교통망으로서의 하이퍼 루프와 고속 철도, 자율 주행 차와 UAM과 같은 신교통수단 그리고 전기 차와 수소 차와 같은 에너지 혁신을 실현하고 있다. 이와 같은 속도 혁신, 공간 혁신, 에너지 혁신은 기존의 도로나 철도와 같은 교통 공간의 개념을 변화시키고 있으며, 빅 데이터, 인공지능, 사물 인터넷, 클라우드와 플랫폼 기반의 시스템 혁신까지 이루어 내면서 도시 모빌리티 혁신은 새로운 국면으로 접어들고 있다.

또한 모빌리티 혁신에 따라 미래에는 지금과는 다른 공간 이용, 예컨대 자동차 소유보다는 공유 개념이 증대되고, 교통 공간으로서의 도로 공간은 지금보다 훨씬 줄어들 것으로 예상되고 있으며, 에너지 혁신에 따라 주유소 등이 사라지고, 주차장도 새로운 공간 이용이 가능해지는 공간 혁신을 이끌어 낼 것으로 예상되고 있다. 또 도시의 범위도 초고속 교통망에 의해 광역화되고, 전국이 동일 생활권 범위 내로 축소되는 등 국토 도시 공간 인식에도 변화가 예상된다.

모빌리티의 혁신은 결국 공간 활용의 극대화를 통한

인간 중심의 여가, 휴식 공간의 증진과 대중교통을 중심으로 한 친환경적이고 지속 가능한 도시로의 발전을 촉진하게 될 것으로 기대되고 있다. 또한 퍼스널 모빌리티(PM)와 환경 친화 교통수단으로서의 자전거, 보행 교통 등의 이용이 증진됨으로써 이전과는 다른 도시 공간 이용이 활성화될 것으로 기대된다.

이에 따라 미래 도시는 지금과 같은 출퇴근 시간의 소비와 심각한 교통 체증으로부터 해방된 사람들의 행복 추구를 실현해 줄 수 있는 직(work)-주(live)-락(play)의 소위 워라밸을 달성할 수 있는 새로운 도시의 생활 방식(Urban Lifestyle)을 제공하게 될 것으로 예상하고 있다.

결국 모빌리티 혁신은 일자리 혁신과 주거 공간의 혁신, 여가 공간의 혁신을 함께 이룰 수 있는 매우 중요한 변화의 출발이라 할 수 있을 것이다. 최근 우리나라에서는 도로 공간과 철도 공간의 지하화 등을 통한 미래 모빌리티 혁신을 가속화하기 위한 특별법 제정 등 다각적인 정책 추진을 모색하고 있다. 이를 통한 도시의 단절을 극복하고, 수변 공간의 활용 극대화를 통한 도시 공간 혁신을 추구하고 있다.

모빌리티 혁신과 인공지능

도시에서의 다양한 모빌리티는 최근 급격히 발전한 스마트 기술과 빅 데이터 등장을 통해 실시간 교통 정보의 수집과 분석, 운영과 통제가 가능해지고 있다. 이러한 엄청난 빅 데이터의 수집, 처리, 가공, 운영에 핵심적인 역할을 하는 것이 인공지능 기술이다. 실제 인공지능은 어떠한 형태의 반복적 패턴이나 분석이 가능한 시계열 데이터의 기계 학습 등을 통해 이를 관리 운영하는 데 특화된 기술이라 할 수 있다. 이런 측면에서 하루 24시간, 1년 365일 일별 계절별 연간 사람들의 이동과 교통수단의 운영 같은 모빌리티의 분석은 인공지능에 특화된 영역이라 해도 과언이 아닐 것이다.

실제 싱가포르 등에서는 디지털 트윈 등을 통해 이와 같은 모빌리티 데이터의 인공지능 관리 운영을 극대화하고, 이를 통해 교통 체증 없는 도시를 실현한 사례도 이미 나타나고 있다. 이와 같이 많은 선진 사례에서는 이런 모빌리티 데이터를 활용한 인공지능 관리 운영이 실용화 단계에 들어갔다고 해도 과언이 아니다. 한편, 우리나라에서도 상당 수준의 인공지능 기반 모빌리티 분석, 관리, 운영이 이루어지고 있다. 다만 이를 도시 계획, 토지 이용 등 통합 정보 이용에까지 연계한 디지털 트윈의 실현까지는 아직 이루지 못하고 있다.

현재 이와 관련해서는 국가 차원에서 다양한 국가 R&D를 통한 교통 플랫폼의 구성과 도시 계획 및 도시 행정 등과의 통합 플랫폼을 구축하기 위한 노력을 계속하고 있다. 일부 서울특별시 등 대도시를 중심으로는 미래 디지털 트윈 등과 같은 수준의 선진화된 도시 관리 운영 시스템의 구축을 위해 지속적인 투자와 많은 노력을 경주하고 있다.

다만, 아직 우리나라의 경우 인공지능 활용 기술의 발전과 최근 논의되고 있는 생성형 인공지능(Chat GPT) 활용 등의 기술 확장에는 다소 미진한 측면이 없지 않다. 하지만 하루가 다르게 인공지능 기술의 발전이 가속화하고 있기 때문에 실제 모빌리티와 도시 계획 등의 분야에서도 이를 활용한 발전적 플랫폼을 구축하고 운영할 미래가 멀지 않았다.

현재 논의하고 있는 다양한 인공지능을 활용한 미래 모빌리티 혁신에 대해 살펴보고, 인공지능이 바꿀 미래에 대해 살펴보고자 한다.

인공지능이 바꿀 미래

우리의 일상 속에 이미 깊게 들어와 있는 인공지능을 실감하고 있다. 대부분의 사람들은 도시에서의 이동에 인공지능의 도움을 받고 있다. 요즘 내비게이션 없이 운전하는 사람은 없을 것이다. 택시를 잡을 때도 인공지능의 도움을 받는다. 택시를 운전하시는 분들도 손님이 어디에 많이 있는지 인공지능의 안내를 받음으로써 손님도 덜 기다리고, 운전하시는 분도 수익이 늘어나고 있다. 밤늦게 대중교통을 이용하려는 사람들을 위해 서울시는 인공지능의 도움을 받아 소위 올빼미 버스 노선을 운영하고 있다. 이와 같이 점점 더 우리의 일상은 인공지능의 도움을 받는 모빌리티 혁신을 통해 시간과 비용을 최적화해 주는 미래 도시에 살게 될 것이다.

앞으로는 굳이 비싼 주차비와 불법 주차 문제로 고민해야 하는 자동차를 끌고 도심에 들어올 필요가 없을지도 모른다. 어디서든 자유롭게 출발지에서 도착지까지(Door to Door) 서비스해 주는 자율 주행 차가 인공지능의 도움을 받아 최적의 시간에 마치 기사 딸린 자동차처럼 이용할 수 있게 해 줄 것이기 때문이다.

어쩌면 굳이 대도시에 살 필요가 없게 될 수도 있다. 비싼 집값과 도시 환경을 벗어나 자연 속에 살면서도 하늘을 나는 자동차(UAM)를 이용해 전국 어디서나 한 시간 내에 출퇴근을 할 수 있을 것이기 때문이다. 굳이 나는 자동차가 아니더라도 초고속 광역 교통망(GTX, KTX 등)의 속도가 지금보다 두 배 빨라지는 시속 500킬로미터 시대가 되면 역시 전국 어디서든 출퇴근이나 약속을 소화해 낼 수 있을 것이다. 전 국토가 지금보다 더 압축적인 하나의 단일 생활권이 될 수 있을 것이다.

참고문헌

4차산업혁명위원회(2019). 스마트 시티 국가 시범 도시 시행 계획 수립 현황 및 향후 추진 계획. 국토 교통부.

국토 교통부(2014). 국토 이용 및 도시 계획 체계 개편 연구.

박재현(2019). 정부 공공 빅 데이터 통합 플랫폼 구축. 서울연구원.

이희정 외(2014). 『새로운 도시, 도시 계획의 이해』. 대한국토도시계획학회. 보성각.

07
도시 인프라와 인공지능

도시 변화는 도시를 구성하고 있는 기본 요소로서의 기반 시설인 인프라를 통해 나타난다. 기술 변화와 기후 변화에 대응하는 미래 도시 인프라의 변화 요구와 대응 과제에 대해 실제 국내외에서의 논의와 실질적인 적용 사례를 중심으로 다각적으로 살펴보도록 한다.

도시 인프라 변화와 혁신

인류는 그동안 끊임없는 도시 인프라 혁신을 통해 거대한 도시를 만들어 왔고, 운영해 왔다고 할 수 있다. 적게는 인구 10만 명의 도시에서부터 많게는 인구 천만 명의 거대 도시에 이르기까지 그 도시에서의 시민들의 생활과 활동을 지탱하기 위한 도시 시설로서의 인프라는 매우 중요한 역할을 해 왔다. 로마 시대로부터 도로의 건설을 통한 물류의 이동과 정보의 소통을 통해 수많은 지역의 도시를 네트워크로 연결하면서 국가를 건설하고, 제국을 통일해 온 셈이다. 현재도 수많은 위기와 문제를 해결하기 위해 상하수도 및 전기, 학교, 의료 시설, 교통 시설, 복지 시설 등 다양한 도시 인프라 혁신을 통해 이에 대응하고 있다.

범지구적인 이상 기후와 재난 및 도시 방재는 새로운 도시 인프라 구축을 요구하고 있고, 또한 제4차 산업 혁명을 통한 기술 변화는 지금까지와는 다른 도시 시설로서의 인프라를 제공할 수 있게 도와주고 있다. 앞에서 모빌리티 혁신을 통한 기존 도시 공간의 재편과 재구조화의 필요성에 대해 다룬 바 있다. 이는 결국 지금과는 다른 도시의 더 많은 공간의 수용 용량(Carrying Capasity)을 처리해 낼 수 있음을 의미한다. 또한 새로운 도시주의에 입각한 도시 관리 방식은 도시에서 인프라로서의 각종 도시 시설을 이용하는 방식을 변화시킴으로써 공간 이용의 방식과 질적 양적 변화를 야기하고 있다.

전술한 바와 같이 자율 주행 차의 증가는 자동차의 소유보다는 공유 개념을 증진할 것으로 기대되며, UAM 등 하늘을 나는 자동차의 등장은 지상에서의 교통 인프라의 수요를 줄여 줄 수 있다. 반면 공중 공간의 이용을 위한 새로운 인프라의 수요가 생겨난다고 할 수 있을 것이다. 이와 관련해, 최근 드론 등의 원활한 통신과 이동 및 착륙을 위한 새로운 공간으로서 선형 녹지와 수변 공간이 재조명받고 있다. 실제 우리나라에서도 선형 녹지 조성과 수변 공간을 중심으로 한 UAM 노선 시범 운영 등을 시도하고 있다. 이에 따라 새롭게 숲세권 혹은 수세권 등 이전과는 다른 새로운 중심 공간의 등장이 논의되고 있기도 하다.

한편 최근 지하 터널 기술의 발전이 이루어지면서 지상 공간의 단절 등을 야기했던 과거 산업 시설로서의 철도와 도로 등을 지하화하기 위한 특별법 제정 등의 다양한 입체 복합적인 공간 조성에 대한 논의가 이루어지고 있다. 이는 최근 많은 수요를 가지고 있는 선형 녹지의 제공을 위한 철도 및 도로 공간 상부의 재구조화로 이어지고 있으며, 이와 함께 수변 고속 도로 등의 지하화를 통한 생태 하천 사업에 대한 논의도 촉발하고 있다.

이러한 변화는 생태적 도시주의와 함께 시너지를 받으면서 도시 토지 이용의 재편과 도시 활동 등의 효율성 증진을 위한 도시 공간 재구조화와 탄소 중립 도시 실현의 중요한 수단으로 활용되고 있다.

그러나 자연환경의 회복과 정비를 위한 친환경적이고 지속 가능한 도시 관리 실현을 위해서는 사업성 측면에서 주변 도시 공간의 입체 복합 공간으로의 재편과 관련한 토지 가치 변화 등 엄청난 도시 데이터의 모니터링과 빅 데이터의 분석을 통한 변화 예측 및 관리라는 기술적 뒷받침이 요구된다.

그리고 매우 복잡하고 첨예한 이해관계가 걸려 있는 기성 시가지에서의 공간 변화는 매우 복잡한 가치 산정과 영향 분석 및 합의 도출을 요구한다. 인공지능 기술이 이러한 모니터링과 예측 및 관리에 절대적으로 필요하다 하겠다.

도시 생활권 변화와 인공지능

최근 많은 도시에서 또 다른 관점에서 촉발되고 있는 시간 도시주의(Chrono Urbanism) 관점의 공간 수요 변화에 따라 전통적인 용도 지역 분리의 산업 사회 토지 이용을 새롭게 혼합적 토지 이용으로 변화시키는 소위 비욘드 조닝(Beyond Zoning)으로의 전환 요구 또한 증가하고 있다. 이와 관련해 직주 근접 도시 실현을 통한 15분 도시 혹은 N분 생활권에 대한 공간 조성 요구가 서울 등 대도시를 중심으로 전 세계적으로 확산되고 있다.

새로운 생활권 개념의 도시 공간 재편에서는 지역에 필요한 자족적 도시 생활 시설로서의 도시 인프라의 재편을 함께 요구하고 있으며, 유사시 코로나 팬데믹과 같은 극단적 도시 폐쇄가 이루어지더라도 자족적인 생존이 가능한 최소한의 도시 인프라를 갖춘 분산 집중형 도시 공간 구조 개념으로 도시를 재편 혹은 재구조화하는 것을 요구하고 있다. 이미 서울특별시와 부산광역시 등은 이러한 개념에 입각해 인구 10만 명 정도의 100개의 도시 혹은 30개 생활권 등으로 대도시를 해체하는 새로운 미래 도시 모델을 도시 기본 계획 등에 명문화하고 이를 구체화하기 위해 노력하고 있다.

사실 보다 구체적으로 이런 N분 생활권을 완성하기 위해서는 도시의 생활 인구 혹은 유동 인구 개념의 새로운 소위 생활 서비스 인구 산정을 통한 도시 인프라 수요 예측 등의 기법과 이를 바탕으로 한 도시 내 건축물 및 토지 이용의 상세한 활용과 변화에 대한 복잡한 이해관계의 예측 등 다양한 최적화 모델이 요구된다. 실제 이와 관련한 도시 인프라 재편과 생활권 설정을 위해 수많은 도시 빅 데이터의 수집, 활용, 분석, 운용을 위한 노력이 이루어지고 있으며 공간 최적화와 도시 인프라 공급 모델의 적정화 실현을 위한 인공지능 활용 방안을 다각적으로 시도하고 있다. 현재 이와 같은 새로운 이론과 개념들이 실제 사회생활에 접목할 수 있는 것인지, 더 분석적이고 비판적인 많은 논의를 통해 도시 인프라를 재편하고자 하는 다각적인 노력을 시도하고 있다.

국토 도시 인프라와 생활권 재편

미래에는 우리는 어떤 국토와 도시 환경에서 생활하게 될까 상상해 보자. 아마도 지금보다 훨씬 압축된 국토 및 도시 공간 속에 살게 될 것이라 생각한다. 현재 국가 차원에서는 국토 공간 계획의 모법이라고 할 수 있는 국토의 계획 및 이용에 관한 법률 개정을 준비 중인데, 여기에서는 새롭게 생활권 계획 개념을 공간 체계에 도입하기 위한 내용을 담고 있다.

즉, 전 국토에 대해 기존의 대도시에는 앞서 언급한 N분 생활권 계획을, 그리고 지방 중소 도시에서는 일종의 압축 도시(Compact city) 개념의 강소 생활권을 중심으로 한 입지 적정화를, 그리고 소규모 농산어촌의 마을들을 중심으로는 새로운 농촌 생활권 계획 수립을 통해 전국을 긴밀하게 연계(Network)한다는 새로운 국토 공간 계획을 제시하고 있다.

그리고 이를 실현하기 위한 국토 도시 공간의 재구조화와 인프라 혁신을 소위 국토 도시 공간 혁신 구역 개편 전략으로서의 도시 혁신 구역, 복합 용도 구역, 입체 복합 구역으로 재편하겠다고 천명한 바 있다. 이러한 계획 수립에 유연성을 부여하기 위해 공간 재구조화 계획을 도입하고, 도심 융합 특구법에 의한 도심 융합 특구와 노후 공업 지역법에 의한 산업 혁신 구역, 그리고 노후 계획 도시 특별법을 통한 노후 신도시의 재구조화 등을 통해 국토 도시 공간을 재구조화해 나가겠다는 국정 계획 방향을 제시했다.

궁극적으로 이와 같은 국토 도시 공간의 파격적인 재구조화 계획 수립의 배경에는 코로나 19 이후 급격한 기후 변화에 대응한 탄소 중립 도시 실현의 국가적 목표 달성과 제4차 산업 혁명에 따른 기술 변화 등에 바탕을 둔 모빌리티 혁신과 미래 생활 변화에 보다 적극적으로 대응함으로써 국가의 미래와 사람들의 행복을 실현하기 위한 고민이 담겨 있다고 할 수 있을 것이다. 그리고 이러한 국가 전략을 모니터링하고, 결코 쉽지 않을 국토 도시 공간 재구조화 작업을 성공적으로 이끌기 위한 계획적 방안에 인공지능과 빅 데이터를 활용한 새로운 미래 국토 도시 계획기 술을 적극 활용하고자 하는 것이다.

참고문헌

4차산업혁명위원회(2019). 스마트 시티 국가 시범 도시 시행 계획 수립 현황 및 향후 추진 계획. 국토 교통부.

국토 교통부(2014). 국토 이용 및 도시 계획 체계 개편 연구.

박재현(2019). 정부 공공 빅 데이터 통합 플랫폼 구축. 서울연구원.

이희정 외(2014). 『새로운 도시, 도시 계획의 이해』. 대한국토도시계획학회. 보성각.

08
도시 공간과 인공지능

인공지능과 함께하는 미래 도시에서는 우리가 살아가는 도시 공간을 어떻게 바꾸어 나갈까? 미래 도시 공간 혁신이 야기할 도시의 변화는 구체적으로 어떻게 나타날 수 있을 것인가? 도시 공간 혁신은 도시 생활권을 어떻게 바꾸어 나가고 있는지 구체적인 사례를 중심으로 살펴본다.

미래 도시의 공간 혁신

현재 우리나라에서는 서울을 시작으로 전통적인 행정 조직의 하나로서의 도시 계획국을 도시 공간 본부로 개편하는 것과 같이 미래 도시에서의 공간 혁신을 위한 노력을 구체화하고 있다. 이와 같은 추세는 최근 새로운 패러다임 변화에 따라 전통적인 도시의 공간 활용 방식에 변화가 필요하고, 보다 적극적으로 이와 같은 공간 혁신을 추진해 나가겠다는 시 행정부의 의지 표명이라 생각한다. 그리고 이러한 움직임은 점점 더 많은 도시 정부로 확산될 것으로 기대되고 있으며, 전 세계적으로도 대도시에서의 공간 혁신과 재구조화는 공통적 관심사로 등장하고 있다.

범지구적인 도시 방재는 이제 피할 수 없는 전 인류의 과제가 되고 있다. 우선적으로는 이러한 기후 변화와 재난 상황에 효과적으로 대응하는 것이 도시 생존에 점점 더 중요해지고 있다. 이 때문에 도시 공간 재편과 도시의 회복 탄력성을 높이기 위한 방어적 도시 관리의 핵심에 인공지능 기술이 활용되고 있다.

또한 다양한 모빌리티 혁신에 따른 공간 재편의 수요도 점증하고 있다. 새로운 수변 공간의 재편, 철도와 도로 지하화와 같은 도시 인프라의 혁신 그리고 이를 통한 도시 생활권의 재구조화와 같은 변화들을 단계적으로 추진하기 위한 노력이 이루어지고 있다. 궁극적으로는 이러한 노력을 통해, 인류 생존과 도시의 존립에 영향을 주는 기후 변화의 핵심적 원인인 전 지구적 탄소 배출을 최소화하는 탄소 중립 도시 실현을 지향하고 있다.

한편 혼합적 토지 이용을 위한 입체 복합적인 공간 이용 추세는 도시의 집약적 토지 이용을 촉진하고 있으며, 현재의 기술 발전과 도시 관리 능력 향상이 이와 같은 고도의 초고밀 초고층의 입체 복합 공간의 제어와 관리를 가능하게 해 줌으로써 도시 공간에 새로운 스카이라인을 만들어 주고 있다.

전 세계적으로 이와 같은 다핵 분산형 집중 도시(Compact and Network City)로의 새로운 도시 모델 재편이 가시화하고 있다고 할 수 있다. 이는 자족적이면서도 지속 가능한 N분 생활권 도시 모델과 연계해 점점 더 미래의 새로운 도시 공간 혁신 방안으로 자리매김하고 있다. 그리고 궁극적으로는 고비용 비효율의 기존 대도시를 해체하고 새로운 다핵 분산형 광역 메가 시티를 중심으로 서울 및 수도권, 아울러 전국 국토 도시 공간의 재편이 이루어질 수 있다는 기대감을 가지게 한다.

인공지능을 통한 도시 공간 만들기

전 세계적으로 소위 생성형 인공지능으로 불리는 챗지피티 등 인공지능의 활용이 사회 전반에 걸쳐 확산되고 있다. 이미 인공지능 기술은 알파고처럼 바둑을 전문 바둑 기사보다 더 잘 두는 것을 넘어서서 광고 홍보 분야와 매스컴 및 미디어 분야 그리고 의료계와 법조계에 이르기까지 광범위한 사회 각 분야로 확대되고 있다. 최근에는 창조의 영역이라고 하는 음악이나 미술 등 예술의 영역으로까지 확대되고 있다. 이제는 책 한 편을 쓰는 데 사흘도 걸리지 않는 인공지능 출판의 사례까지 등장하고 있고, 하나를 만드는 데 몇 주가 걸리던 광고 카피를 한두 시간 내에 수십 개를 만들어 낼 수 있을 정도가 되었다.

도시 분야와 관련해서도 이와 같은 생성형 인공지능을 활용한 도시 계획 혹은 도시 만들기의 방안에 대한 요구가 나타나고 있다. 최근 일부 아파트 단지 계획에서 일조권과 방향 등을 고려한 최적 배치 모델에 인공지능을 활용한 사례 등이 나타나고 있으며, 요구하는 콘셉트에 맞춰 인공지능이 미래 도시의 조감도를 수분 내에 그려내기도 한다. 이와 같이 도시 계획, 건축 계획 분야에서의 인공지능 활용이 점점 더 가시화되고 있다. 한편 도시 차원에서도 도시 공간의 토지 이용 변화와 용적률 등의 개편에 따른 도시 경관 변화와 도시 인프라 용량 평가 등에 이와 같은 인공지능의 활용을 모색하고 있다.

다양한 이해관계가 복잡하게 얽혀 있는 기존 시가지에서는 주민이나 토지 소유자의 계획 참여가 도시 정비와 재구조화에 매우 중요하다고 알려져 있다. 실제 인공지능을 활용한 시뮬레이션 기법과 짧은 시간에 논의한 공간 계획의 여러 대안들을 즉각적으로 제시해 줄 수 있는 생성형 인공지능 기술의 활용은 앞으로 미래 도시 공간 만들기를 훨씬 더 용이하게 성공적으로 이루어지게 할 것으로 기대된다.

향후, 다양한 건축 및 경관 시뮬레이션 기술이 인공지능 기술과 함께 가상 현실 혹은 증강 현실 등의 기술과 연계되어 실용화될 수 있으며, 장래에는 보다 진화된 디지털 트윈 기술과 접목한 한 단계 높은 수준에까지 이르게 된다면 미래에 우리 도시 공간을 만들거나 변화시키는 방식은 지금보다 훨씬 더 혁신적이면서도 민주적인 방식으로 신속하게 진행할 수 있을 것이라 생각한다. 이러한 변화가 미래 공간 혁신을 더욱 촉진할 수 있지 않을까 하는 생각이다.

인공지능이 바꿀 미래 도시 공간

미래에는 아마도 더 이상 환경 문제와 교통 문제가 없는 이상적 미래 도시 공간을 인공지능을 통해 실현할 수 있지 않을까 하는 희망을 가져 본다. 실제로, 가까운 싱가포르는 완벽하지는 않을지 모르지만 이미 디지털 트윈인 버추얼 싱가포르(Virtual Singapore) 시스템을 통해 이를 실현해 나가고 있다. 또한 영국이나 프랑스도 지속적으로 이와 같은 도시 혁신을 모색하고 있으며, 파리의 경우 2024년 국제 올림픽을 새로운 경기장의 건설 없이 파리 시가지 내에서 진행하면서도 센강의 환경 문제나 도시 내의 교통 문제, 치안이나 사람들의 안전 관리 문제를 성공적으로 치러 낸 바 있다.

결국 미래에는 인공지능의 도움 없이 도시 공간을 관리 운영한다는 것은 효과적이지 않음을 반증하고 있다고 할 수 있다. 반대로, 어느 도시가 먼저 이와 같은 인공지능의 기술을 활용한 미래 도시 공간 혁신을 이루어 내느냐가 도시 경쟁력을 증진하고, 도시에 살고 있는 사람들의 삶의 질을 높일 수 있다는 것을 말해 주고 있다.

참고문헌

김덕례 외(2017), 2017년 하반기 주택 시장 전망. 주택산업연구원.

이희정 외(2014). 『새로운 도시, 도시 계획의 이해』. 대한국토도시계획학회. 보성각.
장성만(2017). 우리나라 주택 시장의 변화 양상에 부합하는 효용 기반 접근도 산출 모델 개발 연구. ≪대한국토≫.
Harris, B.(1994). The real issues concerning Lee's requiem. *Journal of the American planning association*, 60, pp.31–34.
Lee, D. B.(1973). Requiem for large–scale models. *Journal of the American institute of planners*, 39, pp.163–178.

09
도시 부동산과 인공지능

도시에서의 공간 이용은 부동산의 가치 변화를 야기한다. 미래 인공지능이 지배하는 도시에서의 도시 부동산은 어떻게 평가되고, 거래될 것인가? 미래 도시의 변화를 통한 도시 부동산의 미래를 전망해 보고 최근 대두되고 있는 프롭테크 분야의 발전과 인공지능에 대해 다루도록 한다.

미래 도시와 도시 부동산

우리나라와 같이 자본주의 체제하에서의 시장 경제 주도 도시 토지 이용에서는 부동산이 도시의 형성과 변화에 지대한 영향을 미치고 있다고 해도 과언이 아닐 것이다. 이는 가역적으로 미래 도시 변화의 실현 여부는 도시 부동산 시장에 의해 크게 좌우될 수 있음을 의미한다. 미래 모빌리티 혁신이 가져올 미래 도시 공간 혁신은 필연적으로 미래 도시 부동산 시장의 재편을 요구하고 있다고 할 수 있다. 아마도 새로운 부동산 가치의 상승을 기대할 수 있는 경우도 있을 것이며, 반대로 가치 하락을 통한 공간 재편이 요구되는 경우도 있을 수 있다.

미래 도시의 부동산 자산 가치의 변화와 도시 중심성의 변화, 그에 따른 상권의 이동과 토지 이용 변화 등을 효과적으로 예측하고 능동적으로 대응하는 것은 부동산 분야뿐 아니라 도시의 발전에도 매우 중요한 성공 요인이 될 수 있을 것이다. 최근 이와 관련한 부동산 분야에서의 다각적인 인공지능의 활용 방안 등이 모색되고 있는 것도 이를 방증하고 있는 것이라 할 수 있다. 흔히 미래는 인공지능의 지배를 받는 인류와 인공지능을 지배하는 인류로 구분된다고 예측하고 있다. 같은 이유로 소위 부동산 시장에서 인공지능의 정보를 효율적으로 활용함으로써 이를 지배할 수 있는 사람이 미래 도시 부동산과 미래 도시의 강자가 될 수 있음은 자명한 이치다.

전 세계적으로 민간 영역에서 인공지능을 활용한 대표적 도시 관련 산업으로 부동산 분야를 이야기하는 것은 어쩌면 지극히 당연하다고 할 수 있을 것이다. 최근 디지털 스마트 기술과 부동산 시장을 접목한 다양한 형태의 민간 기업 분야가 탄생하고 있다. 일반적으로 이와 같은 기업 혹은 산업을 프롭테크(Prop Tech)라고 통칭하고 있으며, 이는 부동산을 뜻하는 자산(Property)과 기술(Technology)을 뜻하는 테크놀로지를 합친 신조어라 할 수 있다.

통상 이 단어는 기존의 부동산 정보에 인공지능과 빅데이터 그리고 블록체인 등 첨단 정보 기술을 접목함으로써 가능해진 새로운 부동산 서비스 산업을 일컫는 말이다. 이를 통해 다양한 부동산 관련 전문 앱을 서비스하고 있으며, 이를 통해 보다 많은 부동산 이용자들의 부가가치를 창출해 낼 수 있을 것으로 기대되고 있다.

우리나라의 경우 대표적 프롭테크 업체라 할 수 있는 직방이라는 기업을 예로 들 수 있으며 여기에서는 3D 도시 모델을 통한 부동산 시장의 정보 접근성을 획기적으로 향상한 서비스를 제공함으로써 직접 현장을 방문하는 번거로움을 없애고 스마트폰만으로도 원하는 부동산 매매와 임대를 가능하게 하는 서비스를 제공하고 있다. 실제 이 기업은 사무실도 메타 버스라는 가상 현실 속에서 운용하면서 전국에 걸친 직원 고용과 지방 직원들의 재택 근무를 실현한 획기적인 방식의 경영 철학으로 업계의 주목을 받고 있고, 성공적인 부동산 시장의 강자로 평가받고 있다.

프롭테크 산업 그리고 인공지능

현재와 같은 초기 프롭테크 산업 형태로서의 도시 부동산 시장은 선진국의 예를 통해 살펴보면 매우 다양한 형태로 진화 발전하고 있음을 알 수 있다. 예컨대 미래에는 현실 공간(real space)에서의 도시 부동산과 가상 공간(cyber space) 혹은 메타 버스에서의 도시 부동산으로 부동산 시장이 다변화할 수 있다는 의견도 있다. 실제 인공지능을 활용한 가상 현실 속에서 메타 서울이라는 부동산 자산이 온라인 유저들에게 판매되고 거래되고 있다는 것이 이의 적용 가능성을 보여 주고 있다고 할 수 있다. 이러한 경향은 비단 우리나라 서울뿐만 아니라 미국 뉴욕이나 영국 런던 등도 같은 방식으로 가상 부동산 시장이 형성되어 거래되고 있기도 한 실정이다. 그리고 미래에는 현실 부동산 못지않게 가상 공간에서의 부동산 자산도 매우 중요한 자산으로 평가받을 것으로 예측하고 있다. 이는 최근 가상 현실에서의 NFT와 같은 예술 작품이나 인공지능 예능인, 배우 등의 등장을 통해서도 그 가능성을 짐작할 수 있다. 이와 함께 아마도 미래에는 직접 해외의 도시들을 방문하지 않더라도 가상 환경 속에서 관광 수요를 충족할 수 있는 새로운 방식의 관광 산업도 활성화될 수 있지 않을까 기대된다.

여하튼 미래 도시에는 새로운 기회와 가능성이 넘쳐나고 있다고 해도 과언이 아닐 것이다. 인공지능의 등장이 기존의 일자리와 사람들의 생활을 위협할 수 있다는 우려의 목소리도 없지 않지만 반면 더 많은 일자리와 삶의 방식을 만들어 내고 앞서 살펴본 도시 부동산 시장의 변화에서와 같이 더 많은 가능성과 현실 세계에서는 불가능한 일들을 가능하게 해 주는 기적 같은 일들이 이루어질 수도 있을 것이다.

인공지능 기반의 미래 부동산

미래는 용기 있는 자의 것이란 격언이 있듯이 현재 우리 사회가 당면해 있는 기후 변화와 기술 변화에 따른 급격한 사회 변화와 도시 공간 혁신은 아마도 과거 한 세기

동안 우리가 경험한 바와 같은 엄청난 새로운 도시의 탄생과 인류 문명의 진보가 다시 한번 이루어질 수 있다는 기대를 가지게 한다.

도시 부동산과 인공지능의 접목을 통해 미래 도시에서 어떤 불가능이 현실로 나타날지 설레는 마음으로 두고 볼 필요가 있을 것이다. 실제 인공지능의 시대가 도래하면 지금까지의 직업 절반 정도가 사라질 것이란 예측을 하고 있다.

도시 부동산 분야에서도 비슷한 변화가 나타날 수 있지 않을까 생각한다. 아마도 지금까지와는 다른 도시 토지 이용이 새로 나타나거나 현재의 건물이나 도시의 공간 이용이 사라질 수 있다. 이러한 변화는 불가피하게 해당 부동산 토지의 가치를 변화시킬 수밖에 없으며, 이에 따른 새로운 부동산 거래와 시장이 형성될 수 있을 것이다.

물론 이러한 부동산 거래와 시장의 운영도 지금과는 다른 방식으로 추진될 가능성이 많다. 훨씬 더 인공지능과의 협업이 많아지지 않을까 생각한다. 수많은 프롭테크 기업이 탄생하고, 급격히 성장할 수 있는 여건이 성숙되고 있는 것이다.

따라서 보다 능숙하게 인공지능과 빅 데이터를 처리

할 수 있는 미래 인재가 도시 부동산 영역에서도 강자로 자리매김할 것은 자명한 이치라 할 수 있다. 이제 새로운 미래 기술로서의 빅 데이터와 인공지능을 접목한 도시 부동산 분야의 변화는 선택이 아니라 필요 불가결한 생존 게임이 되고 있다고 해도 과언이 아닐 것이다.

사실 이러한 변화에 이제 시공간적 제약은 그다지 의미가 없을 수도 있다. 어쩌면 국내 시장에 해외 부동산 프롭테크 업체가 진출하지 말란 법도 없을 것이다. 이는 당연하게도 그 반대의 경우도 생각할 수 있다. 즉, 국내 부동산 프롭테크 기업이 아시아, 나아가 세계 부동산 시장에 진출하는 것도 결코 어려운 일이 아닐 것이다.

참고문헌

김덕례 외(2017), 2017년 하반기 주택 시장 전망. 주택산업연구원.

이희정 외(2014). 『새로운 도시, 도시 계획의 이해』. 대한국토도시계획학회. 보성각.

장성만(2017). 우리나라 주택 시장의 변화 양상에 부합하는 효용 기반 접근도 산출 모델 개발 연구. ≪대한국토≫.

10
미래 도시 계획과 인공지능

미래 도시의 변화에 대응한 미래 도시 계획을 실현하기 위해서는 많은 준비와 노력이 이루어져야 한다. 다양한 미래 변화 방향과 과제를 구체적인 도시 정책과 도시 공간에 실현하기 위해 계획과 설계에 직접적으로 어떻게 적용할 수 있을지 전망해 보도록 한다.

미래 도시의 계획과 인공지능

미래 도시는 앞서 여러 관점에서 살펴보았듯이 분명 현재의 도시와는 다를 것으로 예상된다. 아니 어쩌면 지금과는 다른 도시여야 살아남을 수 있다는 말이 더 적확할 것 같다. 과거에도 시대가 변화하면서 역사에서 사라졌거나 쇠퇴해 흔적만 남은 도시들이 많이 있다. 반면 시대가 바뀌면서 새로 등장한 도시들과 번영하는 대도시들도 끊임없이 경쟁하면서 나타나고 있다. 미래에는 이 변화와 경쟁이 지금까지보다도 더 치열해지지 않을까 생각한다. 최근에 전 세계적으로 수많은 스마트 시티들이 건설되는 것도 이러한 경향과 무관하지 않다.

현재 중국에만도 1만 개 이상의 스마트 시티가 건설되고 있다고 알려져 있다. 그리고 얼마 전 세계 박람회(Expo)를 성공적으로 유치한 사우디아라비아도 미래의 도시를 주제로 한 네옴시티(Neom City)라는 미래 스마트 시티를 중심으로 미래 산업 박람회의 성공적인 개최를 전 세계에 설득해 이를 성공적으로 유치한 바 있다.

우리나라도 전 세계적으로 보면 가장 최근에 수많은 신도시를 개발, 건설하고 있는 몇 안 되는 국가들 중 하나라고 할 수 있다. 그리고 최근에는 그 대부분을 미래 기술이 집약된 스마트 시티로 계획 개발하고 있으며, 이를 통해 새로운 도시 수출이란 산업을 국가 경쟁력의 한 부분으로 생각하고 엄청난 투자를 아끼지 않고 있다.

범정부 차원에서도 국정 과제의 하나로 디지털 정부로의 트랜스포메이션을 통한 세계 경제 협력 개발 기구 톱 텐 회원국(OECD Top 10) 실현을 제시하고 이의 실천을 위해 노력하고 있다.

삼성 전자의 스마트폰이 이미 애플과 함께 세계 시장을 주름잡고 있고, 현대 자동차도 제네시스를 중심으로 유럽의 자동차와 견주어도 손색이 없을 만한 우수한 제품 경쟁력을 보이고 있다. LG 전자도 가전제품 시장에서 삼성과 함께 세계 시장 흐름을 주도하고 있으며, SK도 삼성, LG 등과 함께 세계 반도체 시장을 좌지우지하고 있다 해도 과언이 아니다. 이런 발전한 기술력을 기반으로 도시와 국가 경쟁력 측면에서도 상위 지위를 차지하기 위한 노력의 일환으로 역시 인공지능을 포함한 미래 스마트 시티와 미래 선진 도시 계획 기술을 핵심 전략으로 생각하고 국가 R&D 등을 통한 역량 강화에 온 힘을 다하고 있다.

한편으로는 기후 변화 등에 대응하는 탄소 중립 도시 실현과 제4차 산업 혁명 기술 변화를 통한 모빌리티 혁신 등 도시 인프라 혁신을 통해 국가와 도시의 경쟁력 향상을 피해야 할 것이며, 다른 한편으로는 국민의 행복을 강화하고, 무엇보다도 살기 좋은 도시, 사람 중심의 도시를 만들기 위한 생활 수준 향상을 통해 자랑스러운 세계적 수준의 도시 및 국토 환경 실현을 반드시 이루어 내야 할 것이다.

현재 국가 차원에서도 약 5년간에 걸친 미래 빅 데이터 인공지능 기반의 미래 도시 계획 기술 개발 R&D를 약 200억 원 규모로 추진하고 있으며, 연구가 기술 개발 3단계에 접어들고 있다. 이는 범정부 차원의 디지털 정부 4.0 실현의 기조하에 추진되고 있는 전 방위적 혁신 프레임워크의 틀 안에서 진행되고 있는 국가 핵심 프로젝트인 것이다.

국가 공공 데이터의 개방과 민간 빅 데이터의 통합 등을 통한 스마트 미래 도시 계획 기술의 상용화를 일차 목표로 하고 있으며, 이를 기반으로 한 미래 탄소 중립 도시와 스마트 시티 조성 기술의 핵심 요소로서 디지털 트윈 실현 등을 중요한 연구 성과물로 기대하고 있다.

보다 자세한 R&D 기술 개발 내용과 미래 빅 데이터 인공지능 기반의 도시 계획에 대해서는 후속 기획 특집으로 준비하고 있는 『도시 계획과 인공지능』 책에서 보다 상세히 다루도록 하고, 여기에서는 큰 틀에서의 R&D

기획 의도와 이를 통해 실현하고자 하는 미래 도시상 그리고 실현 기술의 전반적인 내용에 대해 간단히 소개하고자 한다.

빅 데이터 인공지능 기반의 미래 도시 계획

최근 빅 데이터와 인공지능 등 첨단 컴퓨팅 기술이 빠르게 발전하고 있으며, 이는 미래 사회 경제 발전을 견인하는 새로운 동력이 될 것으로 예상하고 있다. 이를 위해 사회 경제 분야를 포함한 다양한 영역에서 빅 데이터와 인공지능 기술을 활용해서 많은 도시 문제를 해결하고, 나아가 시장 혁신과 국가 발전을 이루기 위해 많은 노력을 진행하고 있다.

도시 분야에서도 빅 데이터와 인공지능 기술을 활용하기 위한 적극적인 방안을 모색할 시기가 되었다고 할 수 있다. 즉, 그동안 도시 계획 분야는 보다 다양화된 개발 압력에 대응하고 시민 체감형 도시 계획을 수립할 필요성이 증대되고 있는 한편, 기수립된 도시 계획이 잘 작동하지 않음으로 인해 기왕의 도시 계획에 대한 평가와 실행 체계 구축 및 운영 개선 요구가 끊임없이 제기되고 있는 실정이다.

또한 최근에는 도시 기반 시설의 경우에도 국가 시설

기준에 맞게 설치되었음에도 불구하고, 기후 변화 등에 따른 예측치를 초과하는 재해가 발생하고 있고, 매년 지하 주차장, 지하철, 주택 반지하 등 건축물과 시설물의 침수로 인한 사망 및 재산 피해도 지속적으로 증가하고 있는 추세다. 따라서 보다 능동적이고, 미래 변화에 대응한 전반적인 도시 계획 및 도시 계획 시설 기준 등의 재편과 기준 재정립 등의 변화가 요구되고 있다.

이에 국토 교통부에서는 변화하고 있는 사회적 배경하에 빅 데이터 기반 인공지능 도시 계획 미래 기술 개발을 통해 기존의 도시 계획 과정과 도시 계획 제도를 새롭게 발전시키기 위해 약 5년간 추진되는 200억 규모의 국가 R&D를 기획했다.

이 연구는 미래 사회에 대응하기 위한 빅 데이터 기반의 과학적이고 객관적인 인공지능 도시 계획 기술 개발을 최종 목표로 하며, 이를 위한 핵심 추진 목표는 도시 진단 전망 체계 개발, 도시 계획 지원 체계 개발, 국토 도시 계획 모니터링 체계 개발 및 통합 실증으로 이루어져 있다. 이 연구의 최종 목표와 추진 목표의 달성을 위해 전체 과제는 크게 세 가지 유형의 구성 기술 부문으로 기획되어 있다.

구성 기술 1 도시 계획 진단 전망 체계 구축 연구는 빅 데이터 기반의 도시 진단 지표 개발 및 설계, 그리고 지표 지수 서비스 지원 체계 구축을 중점적으로 추진하는 것으로 되어 있다. 그리고 구성 기술 2 도시 계획 계획 지원 체계 구축 연구는 크게 도시 계획 아카이빙 시스템 구축, 도시 계획 수립 지원 모듈 개발, 도시 계획 수립 지원 플랫폼 구축 등 세 부분으로 이루어져 있다고 볼 수 있다. 마지막 구성 기술 3 도시 계획 모니터링 체계 및 통합 실증 연구는 크게 국토 도시 계획 모니터링 체계 구축, 미래 도시 계획 기술의 추진 평가 모니터링 작업으로 이루어져 있으며, 이와 아울러 공모를 통해 선정된 부산, 천안, 담양을 도시 규모별 실증 지자체로 선정한 통합 실증 연구도 함께 추진하고 있다. 그리고 마지막으로 이러한 국가 R&D 연구를 기반으로 미래 도시 계획 법 제도 개선과 도시 계획 실무 매뉴얼 및 지침의 개정 작업 지원 등을 통한 우리나라 미래 도시 계획 전반의 혁신으로 국토 도시 혁신 프레임워크를 달성하는 것을 궁극적인 목적으로 하고 있다. 아래 그림은 이와 같은 사업 개요와 전체적인 구성 기술별 추진 목표와 추진 내용을 요약해서 보여 주고 있다 하겠다.

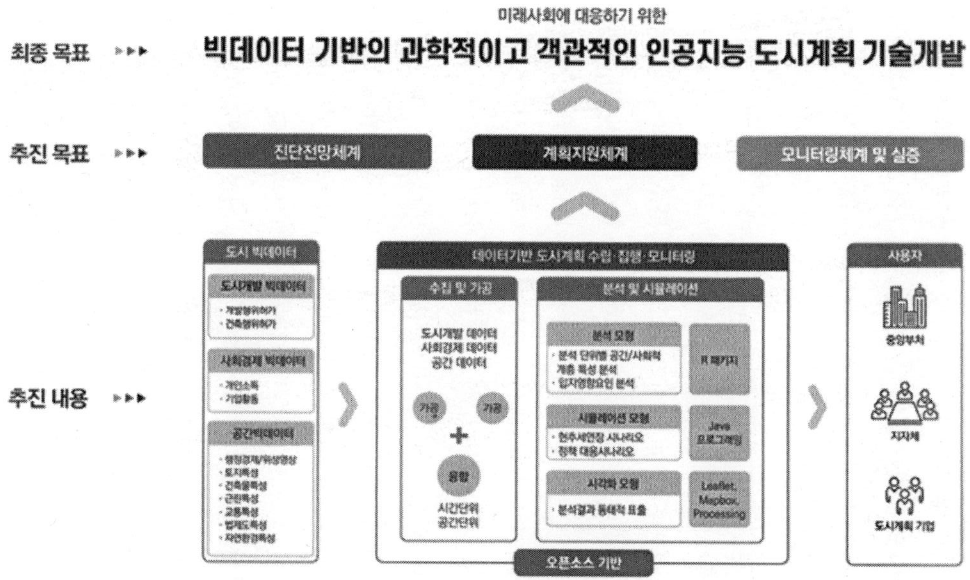

그림 10-1. 빅데이터 기반 인공지능 미래 기술 국가 R&D 개요

미래 도시 계획 실무에의 적용 방향

현재 빅 데이터 인공지능 기반의 미래 도시 계획 기술 개발 국가 R&D 본 연구는 1차년, 2차년으로 진행된 1단계 사업이 완료되고, 2단계 첫 번째 해인 3차년에 접어들고 있다. 실질적인 기술 구현과 시스템 구축을 바탕으로 한 실용화 플랫폼 제시를 목표로 진행되고 있는 2단계 연구는 연구 추진과 함께 실무 적용성 검증을 위한 실증 작업을 동시에 추진하고 있다. 현재 실증 지자체로는 대도시에서는 부산광역시가, 중규모 도시로는 천안시가, 소규모 도시에서는 전남 담양군이 선정되어 실증 작업이 진행되고 있다.

실제 이와 같은 과정을 거쳐 미래에는 우리나라 전역이 새로운 빅 데이터 인공지능 기반의 미래 도시 계획 기술 적용을 활용할 수 있을 것이다. 물론 이와 같은 실무 적용성을 실현하기 위해서는 아직 넘어야 할 산이 많다고 할 수 있다.

실질적으로 전국에 걸친 공공 빅 데이터의 구축 작업이 실현되어야 한다. 물론 우리나라의 경우 과거 국가적 위기였다고 할 수 있는 IMF 시기에 공공 근로 사업의 일환으로 국가 지리 정보(GIS) 전산화 작업이 대대적으로 추진되어 지형도 및 항측도 등의 디지털화가 이루어져 있고, 이것이 현재 국가 도시 계획 통합 정보망(UPIS)과 이를 고도화한 국토 이용 정보 통합 플랫폼(KLIP)이란 시스템 구축으로 기본적인 틀이 마련되어 있다고 할 수 있다. 기본적으로 이번 국가 R&D의 최종 성과도 이 시스템과 연계해 일반 국민이 활용할 수 있도록 할 예정이다.

국가 정책에 의해 공공 빅 데이터를 일반이 개발하는 것을 원칙으로 개인 정보 보호를 위한 마이데이터 사업 등이 함께 추진되고 있지만, 많은 국가 정부에서 구축하거나 활용하고 있는 공공 데이터가 제각각의 방식으로 표준화 작업과 구축 시스템 탑재를 거쳤기 때문에 실제로 이를 통합하고, 연계하기 위한 국가 차원의 합의와 노력이 필요하다.

또한 빅 데이터의 경우 민간 데이터로 구축되는 통신 데이터나 카드 데이터 등이 많기 때문에 이를 공공 빅 데이터와 결합하거나 연계 활용하기 위해서는 공공이 이를 구입하거나 민간과의 합의를 통해 공공 목적으로 활용할 수 있도록 하는 선행 작업이 요구된다. 이는 비단 우리나라만의 문제가 아니라 다른 나라에서도 비슷하게 겪고 있는 문제라 할 수 있다.

이와 같은 전제 조건이 충족되더라도 전국의 대도시,

중소도시, 시군, 읍면동 등 서로 다른 규모와 인구, 자연적 특성을 가지고 있는 전국의 지방 자치 단체의 도시 계획을 통합 플랫폼에서 어느 정도의 상세성과 구체성을 가지고 얼마나 효율적이고 신속하게 시스템에 접근하고 활용할 수 있게 할 것인가 하는 매우 실무적이고 현실적인 시스템화 작업에 또한 많은 예산과 노력을 들여야 할 것이다.

그리고 이와 함께 도시 계획 실무 담당자와 전문가, 학계 등에서 현재의 다양한 형태의 빅 데이터와 인공지능을 활용한 도시 계획 업무의 실효성을 높일 수 있는 응용 프로그램의 개발과 다양한 연구 활동 등을 통해 미래 도시 계획이 가지고 있는 서비스의 향상과 도시 문제 해결의 다양한 솔루션 제공을 위한 창조적이고 혁신적인 노력이 함께 이루어져야 할 것이다.

결국 이를 통해 머지않아 우리나라의 많은 도시들이 교통 체증 없는 도시, 환경 오염 없는 도시, 불평등과 사회적 불균형이 없는 도시를 실현할 수 있을 것이다. 과거 산업 사회가 이룩해 놓은 대도시와 수많은 도시에서의 삶과 활동들이 더 이상 많은 것을 희생해야만 누릴 수 있는 행복이 아니라 일과 생활과 여가를 모두 함께 불편 없이 누리면서 모두가 행복한 도시가 될 수 있도록 하는 데 인공지능이 큰 역할을 하기를 기대해 본다.

참고문헌

국토 교통부(2019). 빅 데이터 기반 인공지능 활용 미래 도시 계획 기술 개발 기획 연구. 국토교통기술진흥원.

국토 교통부(2014). 국토 이용 및 도시 계획 체계 개편 연구.

이희정 외(2014). 『새로운 도시, 도시 계획의 이해』. 대한국토도시계획학회. 보성각.

최봉문 외(2020). 스마트 도시 계획 도입을 위한 정책 연구. 서울특별시, 대한국토도시계획학회.

Hansen, W. G.(1959). How accessibility shapes land use? *Journal of the American institute of planners*, 25, pp.73-76.

Harris, B.(1994). The real issues concerning Lee's requiem. *Journal of the American planning association*, 60, pp.31-34.

Heinze, G. W.(1992). Lösungsstrategien des verkehrswachstums als optionen der verkehrswirtschaft. In: Hesse, M.(Hrsg.), *Verkehrswirtschaft auf neuen wegen?* Marburg: Metropolis.

International Telecommunication Union(2014). Smart sustainable cities: An analysis of definitions. Focus group technical report: ITU.

Lee, D. B.(1973). Requiem for large-scale models. *Journal of the American institute of planners*, 39, pp.163-178.

Lee, S., et al.(2013). Urban structural hierarchy and the relationship between the ridership of the Seoul metropolitan subway and the land-use pattern of the station areas. *Cities*,

이희정

서울시립대학교 도시과학대학 교수다. 서울대학교에서 도시공학 학사, 석사를 이수하고, 서울시립대학교 건축도시조경학부에서 공학박사 학위를 취득했다. 서울연구원 연구위원을 거쳐 아주대학교 건축학부 교수로 재직했으며, 미국 캘리포니아대학에서 연구교수를 지냈다. 주요 관심 분야는 도시 계획 및 설계, 지구 단위 계획 및 토지 이용 계획, 문화 공간 계획 및 설계 등이며, 최근에 빅 데이터와 인공지능(AI) 미래 기술 개발 국가 R&D에 참여하는 등 미래 도시 분야에 특히 많은 관심을 가지고 있다. 주요 논문으로는 "지구 단위 건축 밀도 분포 특성 규명", "도시의 창조성 지표 연구" 등이 있다. 주요 연구로는 "국토 도시 공간 계획 체계 개편 연구", "패러다임 변화에 따른 도시 계획 제도 연구" 등이 있다.

서울시, 경기도 통합심의위원, 도시계획위원, 국토 교통부 세종시 건설위원, 국토 경관 헌장 제정 위원 등을 역임했다. 주요 저서는 『도시 계획론』, 『도시 설계론』, 『지구 단위 계획의 이해』, 『도시 경관론』, 『세계 도시 디자인』, 『도시 인간과 공간의 커뮤니케이션』, 『맞춤형 도시 계획』, 『도시 재생 시대의 도시 계획』 등 100편 이상의 논문과 책을 KCI, SSCI, SCOPUS 등재 학술지에 게재 및 출간했다.